人生大学讲堂书系

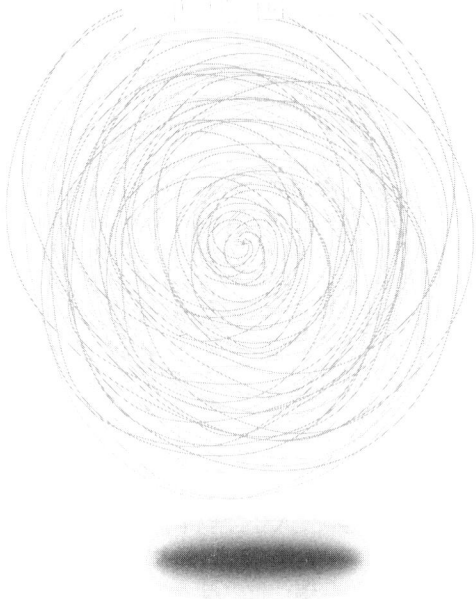

人生大学榜样讲堂

耀世名人的榜样力量

YAO SHI MINGREN DE BANGYANG LILIANG

拾月 主编

主　编：拾　月

副主编：王洪锋　卢丽艳

编　委：张　帅　车　坤　丁　辉
　　　　李　丹　贾宇墨

吉林出版集团股份有限公司
全国百佳图书出版单位

图书在版编目（CIP）数据

耀世名人的榜样力量 / 拾月主编. -- 长春：吉林出版集团股份有限公司，2016.2（2022.4重印）
（人生大学讲堂书系）
ISBN 978-7-5581-0725-2

Ⅰ. ①耀… Ⅱ. ①拾… Ⅲ. ①名人 – 生平事迹 – 世界 – 青少年读物 Ⅳ. ①K811-49

中国版本图书馆CIP数据核字（2016）第041360号

YAO SHI MINGREN DE BANGYANG LILIANG

耀世名人的榜样力量

主　　编　拾　月
副 主 编　王洪锋　卢丽艳
责任编辑　杨亚仙
装帧设计　刘美丽

出　　版　吉林出版集团股份有限公司
发　　行　吉林出版集团社科图书有限公司
地　　址　吉林省长春市南关区福祉大路5788号　邮编：130118
印　　刷　鸿鹄（唐山）印务有限公司
电　　话　0431-81629712（总编办）　0431-81629729（营销中心）
抖 音 号　吉林出版集团社科图书有限公司　37009026326

开　　本　710 mm×1000 mm　1 / 16
印　　张　12
字　　数　200 千字
版　　次　2016 年 3 月第 1 版
印　　次　2022 年 4 月第 2 次印刷

书　　号　ISBN 978-7-5581-0725-2
定　　价　36.00 元

如有印装质量问题，请与市场营销中心联系调换。0431-81629729

"人生大学讲堂书系" 总前言

昙花一现，把耀眼的美只定格在了一瞬间，无数的努力、无数的付出只为这一个宁静的夜晚；蚕蛹在无数个黑夜中默默地等待，只为了有朝一日破茧成蝶，完成生命的飞跃。人生也一样，短暂却也耀眼。

每一个生命的诞生，都如摊开一张崭新的图画。岁月的年轮在四季的脚步中增长，生命在一呼一吸间得到升华。随着时间的推移，我们渐渐成长，对人生有了更深刻的认识：人的一生原来一直都在不停地学习。学习说话、学习走路、学习知识、学习为人处世……"活到老，学到老"远不是说说那么简单。

有梦就去追，永远不会觉得累。——假若你是一棵小草，即使没有花儿的艳丽，大树的强壮，但是你却可以为大地穿上美丽的外衣。假若你是一条无名的小溪，即使没有大海的浩瀚，大江的奔腾，但是你可以汇成浩浩荡荡的江河。人生也是如此，即使你是一个不出众的人，但只要你不断学习，坚持不懈，就一定会有流光溢彩之日。邓小平曾经说过："我没有上过大学，但我一向认为，从我出生那天起，就在上着人生这所大学。它没有毕业的一天，直到去见上帝。"

人生在世，需要目标、追求与奋斗；需要尝尽苦辣酸甜；需要在失败后汲取经验。俗话说，"不经历风雨，怎能见彩虹"，人生注定要九转曲折，没有谁的一生是一帆风顺的。生命中每一个挫折的降临，都是命运驱使你重新开始的机会，让你有朝一日苦尽甘来。每个人都曾遭受过打击与嘲讽，但人生都会有收获时节，你最终还是会奏响生命的乐章，唱出自己最美妙的歌！

正所谓，"失败是成功之母"。在漫长的成长路途中，我们都会经历无数次磨炼。但是，我们不能气馁，不能向失败认输。那样的话，就等于抛弃了自己。我们应该一往无前，怀着必胜的信念，迎接成功那一刻的辉煌……

感悟人生，我们应该懂得面对，这样人生才不会失去勇气……

感悟人生，我们应该知道乐观，这样生活才不会失去希望……

感悟人生，我们应该学会智慧，这样在社会上才不会迷失……

本套"人生大学讲堂书系"分别从"人生大学活法讲堂""人生大学名人讲堂""人生大学榜样讲堂""人生大学知识讲堂"四个方面，以人生的真知灼见去诠释人生大学这个主题的寓意和内涵，让每个人都能够读完"人生的大学"，成为一名"人生大学"的优等生，使每个人都能够创造出生命中的辉煌，让人生之花耀眼绚丽地绽放！

作为新时代的青年人，终究要登上人生大学的顶峰，打造自己的一片蓝天，像雄鹰一样展翅翱翔！

人生大学榜样讲堂丛书前言

生命如夏花般多彩绚丽，生活如山峦般催人攀登。历史的钟声在新世纪的节奏中激荡，成功的号角为有准备的人而吹响，稚嫩的新苗还需要汲取更多的阳光雨露，而榜样，正是新时代青年成长的指引，积聚力量的源泉。

时光暗淡了岁月的影子，却定格了幸福的记忆；历史风华了沧桑的背影，却铭记了伟人的足迹；时代没有挽留踟蹰的过去，却留住了奋进的力量。面对挑战，面对希望，面对成功，每一个饱含激情的青少年都会跳动着时代的最强音符，释放出自己的全部能量。但在很多时候，智者的提醒，成功者的引导，都会成为我们前进道路上的捷径。因他们曾经用一往无前的坚持丈量出生命的高度，用自身的人格魅力传播着人生的正能量，用锲而不舍的努力奏响了时代的最强音。因为他们满怀美好，积聚力量，从未停下奋斗的脚步……

榜样，如夜空中璀璨的群星，照亮我们前行的方向。榜样的力量是无穷的，以成功人士为榜样，可以找准人生的方向，收获成长的力量；榜样的力量是无穷的，古往今来，人类历史上涌现出了众多的成功人士，他们或睿智通达，或坚忍不拔，或矢志不渝，或勇于任事……这些成功人士犹如历史长河中的一颗颗明珠，绽放出绚烂夺目的光彩。

假如你的成长中缺少了你可以学习的榜样，一路上只有你自己摸索前行，生命该是怎样的艰辛困苦。父母给予生命，老师传授知识，榜样赋予理想。我们已经拥有了生命，掌握了一部分的知识，剩下的就是找一个敦促我们为理想前进的榜样，来填补成长的空白，培养健康的身心。

培根说过这样一句话："读史使人明智。"而历史，恰恰是由千千万万个杰出历史人物凝聚而成的。他们是某一个时代的骄傲，是一个民族的杰出灵魂。他们在自己的领域最大限度地发挥自己的灵性，守护着自己的理想，他们的名字将永远写在历史上……

因此，对于青少年来说，向榜样看齐不仅能够增长知识、了解历史、陶冶情操，还可以汲取这些成功人士身上的优秀品质，使自己变得睿智。尤为重要的是，当我们走近名人，感受他们的心跳，感受他们的高尚情操，感受他们永恒的精神力量时，你会在无形中重塑崭新的自我，让自己的意志更加顽强坚定、精神更加无私高尚、思想更加成熟出众。

很多当代思想家、教育家也都一致肯定，通过学习阅读人物传记，可以使青少年收获一个虚拟的"老师"和一个虚拟的"偶像"。这个"老师"可以扩展青少年的眼界、塑造青少年的心灵；而这个"偶像"可以引导青少年向名人学习，从而约束或改正自己的不良行为和不良嗜好……最终让青少年重新认识并规划自己的人生：激励自己，成长自己，升华自己！

本套《人生大学榜样讲堂》系列丛书包括《耀世名人的榜样力量》《时代先驱的求索道路》《文韬武略的沙场人生》《心灵导师的智慧人生》《文艺大师的情操风范》《科学巨擘的人生贡献》《医界英才的济世传奇》《探索英雄的传奇故事》《财富精英的创富密码》《精神领袖的人生坐标》10 本书，精选在各个领域中颇具代表性的成功人士的成长故事，为青少年的成长提供精神的营养、榜样的启迪。通过阅读《人生大学榜样讲堂》系列丛书，青少年不仅可以开阔眼界、增长见闻，还可以从榜样的经历中汲取拼搏的激情，领悟人生的真谛。本套丛书将每个榜样人物深刻地解读，字字值得品味，篇篇引人思索，让读者与书籍进行一次心灵的对话。读榜样故事，与大师交流，那些成功人士将指引你把握命运，点亮你智慧的火种，指引你前进的方向，激励你奋进的步伐，成就你美好的未来！

第1章　高洁人生：人生唯有廉洁重

第2章　隐忍人生：人生能忍自无忧

第3章 取舍人生：懂取舍方能知进退

第4章 计谋人生：智而好谋者胜

第5章　自信人生：信心是命运的主宰

第6章　谦虚人生：虚己者进德之基

第 7 章　中庸人生：人生正道贵中庸

第 **1** 章

高洁人生: 人生唯有廉洁重

无论是古代为仕还是当代为官,世人皆重"廉洁"二字。廉洁是清正廉洁、不假公济私; 是犯颜直谏,不畏首畏尾; 是刚正不阿, 不徇私枉法; 是施政有方, 纳善听谏; 是铁面无私, 不畏强权; 亦是为人高洁, 不谄媚奉承。北宋的包拯、明代的王翱、东晋的陶渊明都当得起 "廉洁" 之称。

第一节　包拯
——不持一砚归

包拯，字希仁，庐州合肥（今安徽合肥）人，北宋天圣五年（公元1027年）进士。中进士后，因父母年事已高，不忍远去为官，直到双亲相继去世，守孝完毕，才在亲友的劝说下为官，期间长达十年之久，故以孝闻于乡里。做官后，秉公执法，铁面无私，为民造福，被人们称为"包青天"。

清正廉洁，不持一砚归

1041年，包拯因在天长县（今安徽省天长市）明察善断，办案如神，政绩卓著，升任岭南端州（今广东省高要市）知州（一州的最高长官）。

端州是端砚的产地。早在唐代，端砚即负盛名。它漆黑发亮，细润如玉，花纹美观，视之玲珑剔透，磨墨毫无音响，堪称世上珍品。当时，端砚与山东的鲁砚、安徽的歙砚、江西的龙德砚并称中国四大名砚，与徽墨、湖笔、宣纸合称文房"四大金宝"，是文人们追求的心爱之物。

北宋年间，朝廷规定瑞州每年都要向皇宫交纳一定数量的砚台，或留皇室使用，或赐公卿大臣。当时的权贵、大臣、学士们都以家中存有几方端砚为荣。因此，历任知府为巴结权贵，都要向民间工匠和作坊无偿索取比进贡数量多几十倍的砚石，致使民不聊生，怨声载道。

包拯到任后，翻阅前任文卷，发现上任知州额外征收端砚太多。按朝廷进贡的要求，每年要供奉八块，可去年的登记中，写的都是"三十又六方"。这三十六方比朝廷的要求高出很多倍！包拯十分惊讶，当即询问了解原知州的下属官员。官员们皆异口同声地说："大人，你哪里知道，前知州为贿赂当朝权贵，才动得大手大脚啊！"包拯诙谐地说："对待权贵，恐怕只能小手小脚了吧？"于是他下令：按朝廷规定，进贡之端砚每年只做八块。

端砚不仅砚石好，琢砚工艺也极高明。有的富丽堂皇，有的纤巧玲珑，实为文房珍宝。一方上贡的精致端砚，特别浪费时间，即使是夜以继日地琢磨，一个月也只能制成一块，工本费不下金子百两，且质料很不易选。

一天，一个贵门亲临州府，送包拯一方石砚，说道："大人每日躬笔耕耘，急需上砚。现送得一方，呈与大人，以为万民造福。"包拯说："我这多年皆用普通石砚，如此高贵的，当呈圣上所用，我用则糟蹋了。"于是他坚辞不受。

包拯常说："廉者，民之表也；贪者，民之贼也。"后来，又有人来送端砚，他开着玩笑拒绝说："如今我来到产端砚的端州，便收端砚；明日去产金的金岭，又收金子，我岂不成了天下鼎鼎富有的珍玩大盗吗？"直到庆历三年（公元1043年），当他即将离任时，当地精制一方好砚，赠给他作纪念，他也婉言谢绝，这就是包拯"不持一砚归"的故事。

不愧是包拯，一个清正廉洁的人。在现实生活中，我们也应该做到公私分明，不是自己的东西不伸手、不贪心，这样才会得到更多的称赞，获得更多朋友。

犯颜直谏，刚正不阿

北宋时期，宋仁宗下诏以三司使、户部侍郎张尧佐为宣徽南院使、淮康军节度使、景灵宫使。张尧佐是张贵妃之父张尧封的堂兄。张贵妃受到宋仁宗宠爱，张尧佐也跟着平步青云。

包拯时任监察御史，负责对皇帝百官的纠弹。他认为宋仁宗一再超擢张尧佐，任人唯亲，不合大宋法度。他上书指出宋仁宗提拔张尧佐是错误的，并分析其原因是后宫干政、个别大臣曲意奉迎。包拯如此石破天惊的举动，获得一片称赞，大臣们纷纷上书反对任命张尧佐。面对强大的舆论，宋仁宗只好收回成命。

转眼到了第二年正月，宋仁宗经不住张贵妃的一再请求，再次下旨擢升张尧佐。包拯不顾再次触犯宋仁宗和张贵妃，又一次挺身而出，犯颜直谏。张尧佐见包拯等人言辞激烈，感到众怒难犯，当即表示不接受委任。于是，宋仁宗也就顺势不提了。

可是张贵妃却老大不高兴，一再在仁宗耳边吹风。这年8月，宋仁宗金殿早朝，张贵妃特意送到宫门口，柔声说："官家今日不要忘了封宣徽使之事啊。"

金殿之上，宋仁宗果然又一次降旨。可御旨一下，包拯马上上奏。这一回，宋仁宗打定主意，坚持己见，说："张尧佐并无大过，可以擢升。"包拯谏驳道："各地官吏违法征收赋税，闹得民怨纷纷。张尧佐身为主管，怎能说是无大过呢？"

宋仁宗叹了口气，委婉地说："这已是第3次下旨任命了。朕既贵为天子，难道擢任一个人就这么不容易？"包拯闻言直趋御座，高声说道："难道陛下愿意不顾民心向背么？臣既为谏官，岂能自顾安危而不据理力争！"张尧佐站在一旁，听得心惊肉跳。

宋仁宗见包拯这么执着，众大臣又纷纷附和称赞，而自己又没有合适的理由反驳，心里非常生气，一甩手回到宫里。张贵妃早已派人在打探消息，知道又是包拯犯颜直谏，惹得仁宗下不了台，所以等仁宗一回来，她马上迎上前去谢罪。宋仁宗余怒未消，举袖擦脸，说："包拯说话，唾沫直溅到朕的脸上！你只知道宣徽使、宣徽使，就不知道包拯他还在当御史！"

包拯一身正气，坚持己见，不畏强权。包拯写过一首名为《书端州郡斋壁》的诗：

清心为治本，直道是身谋。
秀干终成栋，精钢不作钩。
仓充鼠雀喜，草尽兔狐悲。
史册有遗训，毋贻来者羞。

这首诗，可以说是他一生人格精神的写照。

第二节 王翱
——明代五朝廉吏

王翱，字九皋，盐山（今河北省盐山县）人。他于明成祖朱棣永乐年间中进士，曾任吏部尚书等官，在惩贪、辩诬等方面都颇有政绩。他为人"刚正廉直，忧国奉公，忘情恩怨"，故死后谥号忠肃。

廉洁奉公，不徇私情

王翱是明朝成祖至景帝连续五朝的廉吏，在他 70 岁时，被任命为吏部尚书，一干就是 15 年，直到去世。他身居官场几十年，位高权重，难得的是他始终保持公正、廉洁的品质。

1415 年，明成祖首次在北京举行会试。当时正值成祖准备迁都，意欲选拔北方人才，而王翱在会试、殿试均名列前茅，皇上非常高兴，特意召见他，赐给饮食，改任庶吉士，授予大理寺左寺正。

1426 年，由杨士奇推荐，王翱被升任为监察御史。当时官吏有罪，不问轻重，都允许赎罪复职。王翱请对犯贪污罪的官员，只许赎罪，不许复职，以惩治贪污。皇上听从了他的建议。五年之后，他又升任四川巡按。松潘蛮人作乱，都督陈怀驻扎在成都，两地相隔 800 余里，无法控制。王翱根据情况提出五条意见上奏：请调陈怀到松潘；松茂的军粮趁农闲时齐力起运，由官军护送，不要专累百姓，致使遭到抢劫；官吏生活不赡，就如同是百姓的蛀虫，请令他们自首，不要隐瞒；州县和土司地区，遍设社学；会川银场每年运米八千余石供给军队，往返烦劳，花费也大，请令有罪的人缴纳粮食以赎罪。皇上下诏令有关官员详细讨论运粮之事，并把害民的官员迁到北京，其他的都按照他所请求的实行。王翱根据当时当地情况提出的建议有效地解决了当时的难题。

王翱的清廉不仅表现在忠于职守，还表现在治家有方。王翱对家人要求很严格。他的一个孙子凭借家室的原因能够进入太学学习。一年秋试，这位才华平庸的孙子也想一试科场，企图金榜题名。于是他拿着从有关部门弄到的试卷找到了王翱，王翱坚决反对，说："如果你确有才华，我当然不阻止你一试身手；如果让你一个平庸之辈中选，势必埋没一个真正有才能的人。可你却强所不能，仅仅为了博取功名。"说完就撕了考卷扔进了火炉。

在原则面前，王翱对至亲家属也是寸步不让。王翱有一个女儿，嫁给了在京郊做官的贾杰。王翱夫人十分喜爱这个女儿，经常接女儿回家省亲。每当妻子临行前，贾杰就在她面前埋怨，"岳父把我调回京城，易如反掌，还哪里有这么多麻烦。"女儿将此事告诉了母亲，母亲也觉得有几分道理。一次，王翱夫人乘王翱开怀畅饮，婉转地请求王翱将女婿调入京城。谁知王翱听后大怒，竟然抓起了桌上的物品打伤了夫人的脸。于是这件事也没有人敢再提起，直到王翱去世，贾杰也没有被调回京城。

王翱身居"铨衡重地"，却能用贤治国，深知官贤与否关系到国家的"治与乱"。他知道"一事得人则一事理、一邑得人则一邑安"的道理，所以他对选拔官吏极为慎重。在封建官场上请托之风很是盛行，吏部更是钻营的重点对象。但王翱却"以用贤报国为己任"，决不拿手中的权力做交易。对权势者的嘱托，他都"毅然拒之，辞色俱厉"。为了防止别人登门拜谒，他在公务之外的时间也常常住在官邸，很少回家。所以在他任职期间，"门无私谒，权势请托不敢行"。

当今社会，像这种不徇私情的官吏都是受人尊敬和爱戴的。其实不必为官，已身为普通人的青少年也应该公私分明，做人有自己的原则。

五朝廉吏，千古佳话

英宗即位后，廷臣建议派文武大臣出去镇守。王翱被升为右佥都御史，与都督武兴镇守江西，惩治贪污，抑制奸人，官民都很敬爱他。正统二年(公元1437年)，他被召回都察院。正统四年，处州贼人流劫广信，王翱受命前往剿捕，全部把他们抓了回来。这年冬天，松潘都指挥赵谅诱擒国师商巴，掠夺他的财物，与同官赵得诬陷他反叛。商巴的弟弟小商巴大怒，聚众抢掠。皇上命王翱和都督李安率军 2 万前往征讨。而巡按御史上报商巴是冤枉的，皇上下诏命王翱看情况决定进退。王翱到达后，把商巴从狱中放出来，派人招他弟弟来，安抚好了余党，并弹劾诛杀赵谅，把赵得遣去戍边，恢复商巴国师的职位。松潘就这样被平定了。正统六年，他接替陈镒镇守陕西，军民借贷粮食不能偿还的，王翱核实后都免了。

王翱在吏部任职时，谢绝别人的请谒，公事之余总是住在官邸中，若不是过年过节、初一十五拜谒祖先祠堂，他不曾回到私宅。每次选用官员，有时正值他被皇上召去谈话，侍郎代为选用，王翱回来后即使已经很晚了，可他仍到官署查看所选的是什么人，唯恐选用不当。

他身居朝堂，手握重权，但对自己的要求却很严，经常穿破旧衣服。一次，明英宗召见王翱后，王翱转身走时，英宗见其衣服破损，又将他叫回问其中原因，王翱只好说是当天偶尔穿了这件衣服，刚才接到召命没有来得及换。

对于钱财王翱更是"淡然无欲"，他曾与某监军太监共事，两人关系很好，后他改任两广总督，临行前，太监以 4 颗西洋明珠相赠，王翱坚决不收。太监哭着说："这些明珠不是受贿所得，而是先皇将郑和所购得的西洋明珠赐给身边侍臣，我得了 8 颗，现将其中一半送给你留作纪念。"王翱这才收下，但却把这 4 颗西洋明珠缝在袄中。后来王翱奉命还朝掌吏部，此时这个太监已死，王翱找到其两位侄子，了解到他们生活困难后，便将袄拆开拿出明珠转赠给了他们。

皇上对王翱的宠爱很深，时常把他召到便殿谈论，称他为先生而不称其名。王翱年近八十，记忆力已经很差了，曾经令郎官谈伦随他入宫。皇上问是什么原因，王翱叩头说："臣老了，所聆听的圣谕，怕有贻误，所以令这个郎官来记下来，此人诚实谨慎，是可信的"。皇上很高兴。吏部主事曹恂已升为江西参议，因患病回来，王翱报告了皇上。皇上命他以主事之衔回原籍。曹恂很愤怒，趁王翱入朝时，揪住王翱的胸部，给他打了个耳光，大声辱骂他。事情传到皇上那儿，皇帝命令人把曹恂关进诏狱。王翱上书说曹恂实是有病，结果曹恂得斥退回去，时人佩服他的度量。

后来皇上刚刚准许他退休，还没出都城他便去世了，终年 84 岁，赠太保，谥忠肃。

作为现代社会的青少年，担当建设美好社会主义的重任，就应该从小培养严格自律、公正廉明的品格，这样将来走入社会才能真正为社会做出应有的贡献。

第三节　汉文帝
——惩办亲舅不徇私

汉文帝，即刘恒，西汉皇帝，公元前 180 年 -157 年在位，是刘邦之子。吕后死后，周勃等平定诸吕之乱，他以代王入为皇帝。他在位期间执行"与民休息"的政策，减轻田租、赋役和刑狱，使农业生产有所恢复和发展；又削弱诸侯王势力，以巩固中央集权。汉朝由此逐渐趋向安定，并一度呈现富庶景象。史学家把他同景帝统治时期并举，称为"文景之治"。

惩办亲舅，"大义灭亲"

汉文帝刘恒是汉高帝的妃子薄姬所生，文帝即位后，薄姬作为皇帝的生母，被尊为皇太后。皇太后有一个弟弟叫薄昭，也就是汉文帝的亲舅舅。文帝初年，他被封为轵侯。薄昭一向横行霸道，依仗着皇太后和文帝的关系，目无法纪。

文帝十年，朝廷派一名使者去见薄昭，只因一时疏忽，惹怒了薄昭，他便下令杀了使者。文帝听说薄昭杀了朝廷派去的使者后非常气恼。他怪怨舅舅无法无天，同时后悔自己不该给他那么高的职位。

按照汉代法律，杀了天子使者，这是大逆不道，罪在不赦。可是，要处死舅舅，对于讲究"孝道"的汉文帝说来，实在是一件难事。

原来，汉文帝从小被父亲汉高祖刘邦封为"代王"，和母薄太后生活在"代"这个地方。薄太后唯一的弟弟、文帝的舅舅薄昭从那时起，就在代王身边筹划谋略。刘邦死后，在吕氏专权的年月里，薄昭与他们同生死、共患难，感情十分深厚。

后来，绛侯周勃等人杀了"吕家帮"，夺回了政权，派人请刘恒回朝执政。在那个政治动乱的时刻，薄昭曾经冒险进京，探明实情，为刘恒登基保驾护航。

汉文帝也不忍心处罚亲舅舅，可眼下这个案件怎么处理呢？依法处死薄昭吧，汉文帝怕担个"不孝"的名声；但若不处死舅舅呢，又感到不好办，那样，岂不是使法度费弛，失信于民？更严重的是还可能带来外戚当权的后果，就有可能使吕氏篡权的悲剧重演，这可怎么得了！汉文帝思前想后，终于下定决心，要依法处置舅舅。

汉文帝杀舅的主意已定，便把丞相张苍、大夫贾谊二人召来，要他们想个办法，既要依法办事，又不要坏了他的"孝"名。贾谊说："车骑将军大逆不道，依照我朝法律，理应处死。万岁若念昔日情分和功业，可将国舅召来，设酒宴共饮，席间申明大义，劝其自刎，这样，岂不两全其美！"文帝听了，感觉这是一条妙计，就对张苍、贾谊说："爱卿所言甚合吾意，只是朕与车骑将军情深谊重，不忍与他当面诀别，还请诸位到车骑将军家中一行，表明朕的心意，请他自裁吧。"

薄昭杀人后，起初毫不在意。心想，文帝向来重视"孝道"，能把我这个舅舅怎么样？但后来，他还是怕皇上生起气来，降旨罚他，便几次托人到姐姐皇太后那里求情。可是皇太后拒不接见，推说有病管不了此事，这使薄昭心中很是不安。这天，他见丞相带领一帮大臣来到自己家中，感到大事不妙。当张苍传达了皇上的旨意后，薄昭吓得直打哆嗦，跪在地上说："望诸位看在皇太后面上，替我求一条活命，我一定记住大家的恩德。"贾谊喝道："你好不知羞耻，你既然杀人犯罪，就该自裁服法，岂能为一卑贱身躯，辱没国法。"

文帝得知舅舅不愿自裁，心中十分气恼，觉得舅舅没有气节，也感到自己脸上无光。为了逼迫舅舅依法自裁，同时也是为了给那敢于以身试法的大臣、外戚们一点颜色看看，文帝果断地下令：大臣们换上丧服，一起到车骑将军家中哭丧。

于是，在张苍的率领下，大臣们换上了丧服，排着队，由吹鼓手们在前后开道，吹吹打打直向薄昭府第而来。薄昭知文帝决心已定，不可更改，只好拔剑自刎了。

汉文帝不徇私情，公事公办的精神无疑是值得赞扬的，而且这样的

举动也起到了"杀一儆百"的作用。青少年也应该有这样的精神，不会因为关系的亲疏而改变自己的态度，这样才能为自己的人格"立威"。而汉文帝依法处死了舅舅，严明了朝廷的法度。在这之后的若干年中，那些骄横的大臣、外戚们很少有闹事的。

软硬兼施，巩固权势

因为得到皇位不易，文帝即位后首先任命自己的心腹负责守卫皇宫、京城，从根本上保证自己的人身安全。然后，对于拥立他做皇帝的功臣们一一赏赐、封官晋爵，对于被吕后贬斥的刘姓王也恢复了称号和封地，同时，对于跟随父亲刘邦开国的功臣们也分别赏赐、分封。这些措施使文帝的帝位得到巩固。

除了用拉拢的手段巩固权势外，打击重臣也是一项很有效的措施。这方面主要是对大功臣周勃的处理。

周勃因为拥立文帝有功，所以每次上朝结束后，出来时总是很骄横的样子，似乎也不把文帝放在眼里。而文帝对他更加有礼，经常目送他离去。有大臣劝说文帝，不该对周勃这样重礼，有失君主的身份。从此，文帝的神色变得越来越严肃，而周勃则越来越敬畏。

周勃的属下及时提醒他：小心功高盖主，引火烧身。周勃如醍醐灌顶，猛然醒悟了。于是辞去了右丞相的职务，文帝很快也答应了。一年后，因为左丞相陈平谢世，文帝又任命他做丞相。

当时，很多的列侯都住在长安，这给京城的粮食供应增加了负担，所以，文帝就下诏命列侯到自己的封国去生活，即使朝廷恩准留在京城，也要将自己的儿子派到封国去。但很多人找各种各样的借口留在京城，这使文帝很生气，便让丞相周勃带头做表率，免了他的丞相职务。

再后来有人举报周勃在家常身披盔甲，有谋反之心时，文帝马上把他抓捕。周勃赶忙通过文帝的舅舅薄昭向文帝说明实情：被罢免丞相职务后害怕被抓，所以家中有些防备，但却没有反叛之心。文帝在重新调查后，没有发现周勃谋反的事实，便释放了他。

这和封建时代很多皇帝相比，文帝做得已经很宽容了。纵观历史，很多有功的大臣都会因为"功高震主"最后落得个"兔死狗烹"的下场。

由于文帝的仁厚和明智，他采取了很多有效的方针和措施，使当时社会经济获得了显著的发展，统治秩序也日臻巩固。西汉初年，大侯封国不过万家，小的五六百户；到了文帝和景帝时期，流民还归田园，户口迅速繁息。列侯封国大者至三四万户，小的也户口倍增，而且比过去富实多了。由于汉文帝的施政措施，中国古代社会开始进入治世。

第四节　韩延寿
——纳善听谏，刚正不阿

西汉韩延寿，燕国人，西汉汉宣帝时期著名的士大夫，父亲因反对燕王谋反被害。霍光听从魏相的劝说善待韩延寿。他任职时以道义、教化为主，深受百姓爱戴。

崇尚礼义，受人爱戴

韩延寿源出颍川韩氏，是韩王信的第七世孙。其父韩义，在西汉昭帝时担任过燕王刘旦的郎中。燕王叛乱，韩义出身强谏，被奸党杀害。

昭帝念韩义为国捐躯而擢升其子韩延寿为谏大夫。

韩延寿自幼接受儒家文化熏陶，为人刚正不阿、事无不言，深得昭帝信任。后来，韩延寿因出众的治理能力，由淮阳太守转任颍川太守。

颍川郡因位于中原腹地，得益于交通要塞的地理位置和"休养生息"的政策，经济十分发达。当地的强宗豪族众多，势力根深蒂结，他们与地方官员狼狈为奸，危害乡里，百姓苦不堪言。前任太守赵广汉对豪强采取极为强硬的分化打击措施，虽然有效地抑制了恶势力的壮大，却也导致社会关系紧张。邻里相恶，互为仇敌，暴力冲突一触即发。颍川因此成为朝廷的心患之一。

崇尚礼仪教化的韩延寿，上任伊始便采取了"教以礼让"措施，亲自宴请当地具有威望的长者，同商讨治理之道，并晓以大义，力陈乡邻和睦相处的重要。他循循善诱、态度诚恳，不仅赢得民心，也使他获取了有力的支持，更为他提供了治理颍川的思路以及具体方法。

他在颍川近10年，勤政为民，雷厉风行，致力于建设新的婚丧嫁娶祭祀之礼，倡导移风易俗，宣扬礼义教化，缓解社会矛盾。其时，社会风气彻底改观，颍川各项事业蒸蒸日上。之后继任的黄霸治理颍川时也沿用了这种方法，取得了骄人的成绩。

公元前62年，韩延寿调任东郡太守。他仍然坚持"建国君民，教学为先；化民成俗，其必由学"。在当地设立学校，大力推广儒家礼乐，宣扬维护父慈子孝、兄友弟恭的伦理道德观念。他孜孜不倦，为官清廉，"修治学官，春秋乡射，陈钟鼓管弦，盛升降辑让"（《汉书·韩延寿传》），深受百姓爱戴。

一次，他出门上车时发现一个骑吏迟到了，便斥责并处罚了他。延寿回府时遇见门卒，见他欲言又止就停车问他缘由，门卒说："《孝经》里说，善待父亲的人才有资格侍奉君主，在家中兼有母亲的爱和像君王一样值得尊敬的人就是父亲。今天早上您要出门，座驾在门前停留了很久，骑吏的父亲来到府门前而不敢进来，骑吏知道了连忙赶门口迎接，恰好碰见您登车。为了孝敬父亲而受到您的惩罚，岂不是得不偿失吗？"延寿通过进一步的了解才知道，原来这个门卒是因为听说韩延寿的贤达而主动来到韩府为仆的。韩延寿因为他勇于进谏而起用他。延寿这样纳善听谏的事情还有很多，他的威望也由此大大提高。3 年后卸任时，家郡百姓牵衣顿足，失声恸哭，阻拦去路，不让他离开。

虚心纳谏在古代是一种难得的品格，这说明这个人不是固执己见、自私自利的人。当代的年轻人，由于这个年龄段的特点，做事难免有些冲动或者考虑不周全的地方，这时候多听听朋友尤其是家长的意见是很有必要的。

当代的青少年要想真正修正自己的形象，全面提高自身素质，就必须能够敞开心胸，善于广纳雅言。这样才会听到越来越多的真话，从而便于自省，不断进步。

一心为民，含恨而终

韩延寿任职时以道义、教化为主，深受百姓爱戴。他与杨恽、盖宽饶等好友，是士大夫集团的重要成员，官至左冯翊。汉宣帝重用皇族、外戚，排挤、打击士大夫集团。张安世病逝后，用戴长乐接替韩延寿担任太仆，不久盖宽饶因被弹劾自尽。

魏相病逝后，韩延寿也因与萧望之的冲突，被判死罪。好友杨恽竭力救护未果，自己也被戴长乐弹劾罢免。

据记载，"五凤元年，匈奴大乱，议者多曰匈奴为害日久，可因其坏乱举兵灭之。诏遣中朝大司马车骑将军韩增、诸吏富平侯韩延寿、光禄勋杨恽、太仆戴长乐问望之计策。"此时汉宣帝已经把御史大夫萧望之置于众卿之上，军事决策不听从大司马韩增的意见，让他向萧望之问策。所以也可以认为韩延寿和萧望之的矛盾是士大夫集团与皇族集团的矛盾。五凤元年，韩延寿因与萧望之矛盾升级，被判死罪。

韩延寿是古代士大夫的杰出代表。青少年也要学习韩延寿身上这种士大夫之气，志高才茂，做对社会有用的人。

第五节　张衡
——施政有方，严惩恶霸

张衡，字平子，汉族，南阳西鄂（今河南南阳市石桥镇）人，我国东汉时期伟大的天文学家、数学家、发明家、地理学家、制图学家、文学家、学者，官至尚书，为我国天文学、机械技术、地震学的发展做出了不可磨灭的贡献。

张衡是东汉中期浑天说的代表人物之一。他指出月球本身并不发光，月光其实是日光的反射。他还正确地解释了月食的成因，并且认识到宇宙的无限性和行星运动的快慢与距离地球远近的关系。张衡创制了世界上第一架能比较准确地表演天象的漏水转浑天仪，还制造出了指南车、自动记里鼓车、独飞木雕等等。

施政有方，不畏强暴

张衡不但是一个伟大的科学家，也是一个施政有方的政治家。他一生淡泊名利，宁静致远。他常说："君子不患位之不尊，而患德之不崇；不耻禄之不多，而耻智之不博。"为此，他多次婉拒朝廷征召。安帝慕名求贤，派了公车特征张衡，授命他为郎中，又迁官太史令。

张衡在朝廷供职期间不仅潜心研究天文历法，制作浑天仪、候风地动仪，而且针对当时政事渐损、权移于下、自王侯以下莫不奢侈的风气，多次向顺帝进谏。后来调任侍中，顺帝引为贤臣良才，经常与他探讨政事。宦官惧他反映实情，有害于己，就一齐向皇上说他的坏话，想把他排挤出朝廷，因张衡一身正气，他们的阴谋最终未能得逞。

据《后汉书·张衡传》记载：

永和初年，张衡曾经出任过河间相，任职3年，为百姓所称道。当时河间王骄横奢侈，枉法恣肆，河间又多豪门贵族，这些贵族豪门又相互勾结，谋图不轨。一时地方社会治安十分混乱，土豪劣绅巧取豪夺，盗贼白日打劫，民怨沸腾。张衡一到任，首先着手治理当地的社会环境，树立朝廷威严，整顿法令制度。他派了许多得力的助手，化装成平民百姓，混入街巷酒肆，明察暗访，查知了所有坏人的姓名，将他们的劣迹一一记录在案。

为防不测，张衡一直秘密地进行这项工作，先行建设当地的治安机构，清除了那些与当地恶霸、奸党有牵连的人，严防走漏风声。然后定下日子，统一行动，一下子便将所有的坏人抓起来关进监狱。张衡这一举措，使河间王及奸党歹徒措手不及，从此规规矩矩，再也不敢做违法乱纪的事情了。河间的百姓无不拍手称快，欢呼："终于看到了青天大老爷了！"

从此，河间地区市井繁荣，百姓安居乐业，呈现出一派歌舞升平景象。

尽管对张衡来说，做官并不是他最终的抱负，但在他几次任职期间，都以一身正气、刚正不阿的形象为当地百姓所称颂。

从公元100年到108年的8年间，张衡担任南阳郡主簿。其间曾被荐举作"孝廉"，他不肯应命。东汉时，秀才、孝廉虽很时髦，但大都名不副实。民间流传着这样一首歌谣："举秀才，不知书；察孝廉，父别居。寒素清白浊如泥，高弟良将怯如鸡。"对于这样的"孝廉"，张衡当然是不屑一顾的。他还多次被征召到公府去做官，但也都被他谢绝了。

公元114年，由于汉安帝指名征召张衡，他再也无法推却，于是第二次来到京都洛阳，在尚书台衙门里担任郎中（起草文书的官）。虽然身居宦海，但他时刻保持着自己公正、坦诚的"清官"本色。

张衡担任郎中3年，升为尚书侍郎。公元133年，张衡又被调任为侍中。侍中的职责是宣布帝命，并给皇帝当顾问，随时有向皇帝说话的机会。他希望利用这个机会协助皇帝整顿朝纲，清明政治，可是，他的抱负不仅没有实现，反而遭到排挤。当时东汉王朝内部的主要矛盾是宦官同外戚的斗争，其中宦官对国家的危害最大。

有一次，汉顺帝问张衡当今最可恨的是什么人。张衡还没回话，站在旁边的宦官已经恶狠狠地盯住了他。张衡的话虽到了嘴边，却无法说出口，只好把话题支开。宦官们害怕张衡说出他们为非作歹的劣迹，于是恶人先告状，纷纷向皇帝进谗言，昏庸的皇帝果然听信了宦官的谗言，张衡的政治抱负再也无法实现了。

虽然张衡没有实现自己的政治抱负，但这只是受到当时社会条件限制，他的为官清明和他的政治贡献一样值得人们铭记和称颂。

历史上有很多不畏强权、犯颜直谏的人，这些人的品格是值得青少年学习的。在现实生活中，当我们看到老师或父母朋友出现了一些小错误，我们就应该及时提醒，帮他们改正。这样才是一个对别人和对自己负责的人。

秉承家族清廉之志

张衡出身于名门望族。其祖父张堪自小志高力行，被人称为圣童，曾把家中余财数百万传给他的侄子。光武帝登基后，张堪受荐拜官。曾被任为蜀郡太守随大司马吴汉讨伐割据蜀郡的公孙述，立有大功。其后又领兵抗击匈奴有功，拜为渔阳（今北京附近）太守。曾以数千骑兵击破匈奴来犯的一万骑兵，此后在他的任期内匈奴再也没有前来侵扰。他又教百姓耕种，开稻田八千顷，百姓由此致富。所以，有民谣歌颂他说："张君为政，乐不可支。"张堪为官清廉。伐蜀时他是首先攻入成都的，但他对公孙述留下的堆积如山的珍宝分毫未取。蜀郡号称天府，但张堪在奉调离蜀郡太守任时乘的是一辆破车，携带的只有一卷布被囊。

张衡像他的祖父一样，自小刻苦向学，很有文采。16 岁以后曾离开家乡到外地游学。他先到了当时的学术文化中心三辅（今陕西西安一带）。这一地区壮丽的山河和宏伟的秦汉古都遗址给他提供了丰富的文学创作素材。后来又到了东汉首都洛阳。在那儿，他进入当时的最高学府——太学，结识了一位青年学者崔瑗，与他结为挚友。崔瑗是当时的经学家、天文学家贾逵的学生，也精通天文、历法、数学等学问。

公元 100 年，张衡应南阳太守鲍德之请，作了他的主簿，掌管文书工作。8 年后鲍德调任京师，张衡即辞官居家。在南阳期间他致力于探讨天文、阴阳、历算等学问，并反复研究西汉扬雄著的《太玄经》。他在这些方面的名声引起了汉安帝的注意，公元 111 年，张衡被征召进京，拜为郎中。

后来张衡担任了太史令，前后任此职长达 14 年之久，张衡许多重大的科学研究工作都是在这一阶段里完成的。公元 133 年，张衡升为侍中。但不久受到宦官排挤中伤，于公元 136 年调到京外，任河间王刘政的相。

刘政是个骄横奢侈、不守法规的人，地方许多豪强与他共为不法。张衡到任后严整法纪，打击豪强，使得上下肃然。3 年后，他向顺帝上表请求退休，但朝廷却征拜他为尚书。就在这一年，他不幸去世了。

第六节　陶渊明
——不为五斗米折腰

陶潜，一说名渊明，字元亮，世号靖节先生，东晋文学家、诗人，寻阳柴桑（今江西九江市西）人。少好读书，兼谙玄佛。曾为州祭酒、参军，后任彭泽令，因不为五斗米折腰，毅然解印去职，归隐田园，至死不仕。

为人性高洁，不曲意逢迎

东晋后期的大诗人陶渊明，是名人之后，他的曾祖父是赫赫有名的东晋大司马。年轻时的陶渊明本有"大济于苍生"之志，可是，在国家濒临崩溃的动乱年月里，陶渊明的一腔抱负根本无法实现。加之他性格耿直，清明廉正，不愿卑躬屈膝、攀附权贵，因而和污浊黑暗的现实社会发生了尖锐的矛盾，产生了格格不入的感情。

为了生存，陶渊明最初做过州里的小官，可由于看不惯官场上的那一套恶劣作风，不久便辞职回家了。后来，为了生活他还陆续做过一些地位不高的官职，过着时隐时仕的生活。

陶渊明最后一次做官，是义熙元年（公元 405 年）。那一年，已过"不惑之年"的陶渊明在朋友的劝说下，再次出任彭泽县令。有一次，县里派督邮来了解情况。有人告诉陶渊明说那是上面派下来的人，应当穿戴整齐、恭恭敬敬地去迎接。陶渊明听后长长叹了一口气："我不愿为了小小县令的五斗薪俸，就低声下气去向这些家伙献殷勤。"说完，就辞掉官职，回家去了。陶渊明当彭泽县令，不过 80 多天。他这次弃职而去，便永远脱离了官场。

此后，他一面读书为文，一面参加农业劳动。后来由于农田不断受灾，房屋又被火烧，家境越来越恶化。但他始终不愿再为官受禄，甚至连江州刺史送来的米和肉也坚拒不受。朝廷曾征召他任著作佐郎，也被他拒绝了。最后，陶渊明是在贫病交加中离开人世的。

陶渊明原本可以活得舒适些，至少衣食不愁，但那要以付出人格和气节为代价。陶渊明因"不为五斗米折腰"，而获得了心灵的自由，获得了人格的尊严，也正是因此，他才能写出独有的文风，并创作出了传诵百世的诗文，在为后人留下宝贵文学财富的同时，也留下了弥足珍贵的精神财富。他因"不为五斗米折腰"的高风亮节，成为中国后代有志之士的楷模。

"不为五斗米折腰"是一种气节，一种品格。在现实生活中任何的蝇头小利或者大笔的不义之财都不值得我们出卖的人格，当代的青少年应该向陶渊明学习。

不戚戚于贫贱，不汲汲于富贵

陶渊明由于不屑于官场的黑暗和势力，于是辞官归故里，过着"躬耕自食"的生活。因其居住地门前栽种有 5 棵柳树，固被人称为"五柳先生"。

陶渊明的夫人翟氏，与他志同道合，安贫乐道，"夫耕于前，妻锄于后"，共同劳动，维持生活，与劳动人民日益接近，息息相关。归田之初，"方宅十余亩，草屋八九间，榆柳荫后檐，桃李罗堂前。"生活基本可以满足温饱。

陶渊明爱菊，宅边遍植菊花。"采菊东篱下，悠然见南山"至今脍炙人口。他性嗜酒，饮必醉。朋友来访，无论贵贱，只要家中有酒，必然与客人同饮。如果他先喝醉了，便对客人说："我醉欲眠卿可去。"

义熙四年，陶渊明的住地上京（今星子县城西城玉金山麓）失火，迁至栗里（今星子县温泉镇栗里陶村），生活较为困难。若逢丰收，还可以"欢会酌春酒，摘我园中蔬"。如遇灾年，则"夏日抱长饥，寒夜列被眠"。

义熙末年，有一个老农清晨叩门，带酒与他同饮，劝他出仕为官，他却谢绝了老农的劝告。他的晚年，生活愈来愈贫困。有的朋友主动送钱周济他，有时，他也不免上门请求借贷。他的老朋友颜延之，于公元423年任始安郡太守，每次经过浔阳，都到他家饮酒。临走时，留下两万钱，可陶渊明全部送到酒家，陆续饮酒。

他辞官回乡22年一直过着贫困的田园生活，而固穷守节的志趣，老而益坚。公元427年，陶渊明走完了他的生命历程，与世长辞。

他被安葬在南山脚下的陶家墓地中，就在今天江西省九江县和星子县交界处的面阳山脚下。如今陶渊明的墓保存完好，墓碑由一大二小共三块碑石组成，正中楷书"晋徵士陶公靖节先生之墓"，左刻墓志，右刻《归去来兮辞》，是清朝乾隆元年陶姓子孙所立。

第 2 章

隐忍人生：人生能忍自无忧

　　人生贵在忍耐。每忍耐一次都能磨炼自己的意志，都能让敌人因为暂时的胜利而冲昏头脑。钢铁就是这样炼成的，英雄也是这样炼成的。我们只有学会忍耐，能够忍耐了，才可能把自己的追求与梦想变为现实，从而取得人生的胜利与成功。

第一节　韩信
——忍得胯下之辱

汉朝楚王韩信，汉族，古淮阴（今江苏省淮安市楚州）人，先后被封为齐王、楚王、淮阴侯。公元前 3 世纪世界上最杰出的大军事家、大战略家，中国历史上伟大军事家、战略家、战术家、统帅和军事理论家。西汉开国功臣，初属项羽，后归刘邦。中国军事思想"谋战"派代表人物，被后人奉为"兵仙""战神"。"王侯将相"韩信一人全任。"国士无双""功高无二，略不世出"是楚汉之时人们对他的评价。

忍胯下之辱

韩信很小的时候就失去了父母，主要靠钓鱼换钱维持生活，他经常受一位靠漂洗丝绵老妇人的周济。因为无依无靠，他屡屡遭到周围人的歧视和冷遇。一次，一群恶少当众羞辱韩信。有一个屠夫对韩信说："你虽然长得又高又大，喜欢带刀佩剑，其实你胆子小得很。有本事的话，你敢用你的剑来刺我吗？如果不敢，就从我的裤裆下钻过去。"韩信自知形只影单，硬拼肯定吃亏。于是，当着许多围观人的面，从那个屠夫的裤裆下钻了过去。史书上称"胯下之辱"。

后来韩信成就一番伟业，回到家乡后，先是拿重金酬谢当年帮助他的老婆婆，接下来便是去寻找那个让他钻裤裆的人。所有人都以为韩信必是要去雪"胯下之辱"，怎料到，他竟然用比给老婆婆更多的银两，感谢当年侮辱他的人。因为韩信认为，虽然老婆婆帮助了他，可那个叫他钻裤裆的人却成就了他一番事业。对于"胯下之辱"，韩信后来说，我当时并不是怕他，而是没有道理杀他，如果杀了他，也就不会有我的今天了。

"胯下之辱"对任何一个人来说那是奇耻大辱，谁都知道有这么一句话："士可杀不可辱！"韩信为什么接受这样一个奇耻大辱呢，他究竟是英雄还是懦夫呢？

著名人文大师、作家的柏杨先生有个说法很有意思，不要认为弯下膝盖就是懦弱，这其中分两种情况：第一种是心肝俱裂，胆战心惊，丢掉了灵魂，"扑通"一声跪下来，这是懦夫；还有一种是先弯下来，然后往上一蹦——因为人只有蹲下来以后才能跳得高。如果是为了将来跳得高点而蹲下来，这是英雄。如果是别人惹你一下，你就一下扑上去，一口咬住死死不放，这算是什么？是螃蟹。

苏东坡在《留侯论》中写道："古之所谓豪杰之士，必有过人之节，人情有所不能忍者。匹夫见辱，拔剑而起，挺身而斗，此不足为勇也；天下有大勇者，卒然临之而不惊，无故加之而不怒，此其所挟持者甚大，而其志甚远也。"这虽然写的是张良，但对于韩信也一样。苏东坡这段话是什么意思呢？"匹夫见辱，拔剑而起"，就是说那些普通人，小人物，受到一点侮辱以后，第一个反应就是这样：拔刀子或者掏拳头。其实这个不算勇敢，这叫作鲁莽，这叫盲动，不是真的大智大勇。

真正的大智大勇是"卒然临之而不惊，无故加之而不怒"——突然面临一件什么事情，神色不变，并不惊惶失措，别人无缘无故把一个罪名加在你身上也不生气，这才是君子之勇、英雄之勇、大丈夫之勇。为什么这么说呢？"此其所挟持者甚大，而其志甚远也"——这样的人他怀着远大的志向和理想，有长远的目标，他不会为眼前的这点小是小非或小恩小怨鲁莽地采取行动，所以有句话说叫"小不忍则乱大谋"。

韩信这个时候面临的选择是什么？要么杀了那个无赖，要么爬过去。杀了这家伙的结果是什么？是解了一时之气，但他也要被杀头，将来的远大理想也不能够实现了。

忍一时之辱，创万世之功

西汉时大将李陵投奔了匈奴。当时的大臣们都谴责李陵不该贪生怕死，向匈奴投降。汉武帝问太史令司马迁，想听听他的意见。

司马迁说："李陵带去的步兵不满五千，他深入到敌人的腹地，打击了几万敌人。虽然打了败仗，可是杀了这么多敌人，也可以向天下人交代了。李陵不肯马上去死，肯定有他的主意。他一定还想将功赎罪来报答陛下。"

汉武帝听了，认为司马迁这样为李陵辩护，有意贬低李广利（李广利是汉武帝宠妃李夫人的哥哥），便勃然大怒，说："你这样替投降敌人的叛徒强辩，是不是存心反对朝廷？"便把司马迁送入监狱，交给廷尉处理。

司马迁被关进监狱以后，案子落到了当时臭名昭著的酷吏杜周手中，杜周严刑审讯司马迁，司马迁忍受了各种肉体和精神上的残酷折磨。面对酷吏，他始终不屈服，也不认罪。不久，有传闻说李陵曾带匈奴兵攻打汉朝。汉武帝信以为真，便草率地处死了李陵的母亲、妻子和儿子。司马迁也因此事被判了死刑。但是汉朝的死刑要免死还可以选择另外两条路，要么交50万钱，要么接受宫刑。宫刑是个奇耻大辱，污及先人，见笑亲友。他本想一死，但想到自己多年搜集资料，要写一部有关历史书的夙愿尚未完成，他毅然接受了此刑罚，几乎断送了性命。终于皇天不负有心人，他写成了伟大的《史记》。

一个怀有远大理想的人是能够忍受耻辱的，和韩信一样，司马迁也是这样的人。他遭到了宫刑，这也是一个男人的奇耻大辱，是一个男人不能接受的东西，他也忍下来了，他是要完成《史记》这部伟大的著作。韩信同样有远大的理想，所以他"孰视之"——盯着那个无赖看了很久，思想斗争很激烈，最后为了自己的远大理想牺牲了眼前的荣辱。我想韩信当时心里面一定有个声音在说："忍！"这叫作做忍辱负重。韩信是一个英雄，是一个有着远大理想抱负的英雄！

我们是普通人，但英雄也是人。虽然我们现在血气方刚，容易冲动，但我们在处理问题的时候是不是也该想一想，三思而后行呢。有一句话叫退一步海阔天空，这也应该是我们所持有的态度和追寻的目标。控制自己的情绪是一门学问。

世界是由正反两方面构成的，人生活在世界上就是舍与得的过程。我们不想抛开心中那无止的欲望，比如金钱、权势、声名和感情等。欲望本身或许并没有大的过错，人人都有欲望，从一个方面来讲，欲望也是社会前进的动力。但是有时我们可能无法对它把握准确，欲望过了，就会产生悲剧。

会生活的人或者说取得成功的人，其实懂得两个字：舍得。不舍不得，小舍小得，大舍大得。在历史上有许多著名人物：韩信能胯下受辱，方成大器；勾践卧薪尝胆，终得灭吴；田忌与齐王赛马，以下驷对齐王上驷，上驷对齐王中驷，中驷对齐王下驷，舍小负之悲，得了全胜之喜。人是这样，世间的万物又何尝不是如此？蛇是在蜕皮中长大，金是在沙砾中淘出，按摩是疼痛后的舒服，春天是走过冬天后的繁荣。

第二节　苏武
——忍得苦楚终回朝

苏武字子卿，汉族，杜陵（今陕西西安东南）人，西汉时期大臣，武帝时为郎。天汉元年（公元前 100 年）奉命以中郎将持节出使匈奴，被扣留。在匈奴贵族多次威胁利诱之后未投降，后将他迁到北海（今贝加尔湖）边牧羊，扬言要公羊生子方可释放他回国。苏武历尽艰辛，留居匈奴 19 年持节不屈。始元六年（公元前 81 年），方获释回汉。苏武死后，汉宣帝将其列为麒麟阁十一功臣之一，彰显其节操。

忍得苦楚终回朝

不吃苦中苦，难为人上人。很多人只看到他人舒舒服服地享受，却不知其背后的辛苦。那些成功的人说起自己的奋斗史，哪一个不是眼含泪水？

西汉的苏武，在汉武帝天汉元年担任中郎将，送匈奴的使者回国。到了匈奴，匈奴胁迫他投降，苏武不肯，被投入大地窖中，不供其饮食。天正好下着雪，苏武便以雪和着毡毛一块吃。几天没吃东西也没饿死，匈奴人把他当神看，于是把苏武流放到北海上。那里荒无人烟，他每天放羊，以喝羊奶充饥。

汉朝的时候，苏武与李陵都担任侍中。苏武出使匈奴的第二年，李陵投降了匈奴，不敢求见苏武。很久以后，单于让李陵苏武置宴。李陵对苏武说，单于听说我们交情很好，派我来劝劝您，人生苦短，何必像这样自己苦自己呢？苏武说，我父亲与我没什么功劳，却都当了大官，愿意肝脑涂地以报，纵然是死也没有怨言。希望你不要再多说什么了，右校王一定要我投降，那么我就死在你面前了。李陵深深地叹息一声，告辞而去。

后来昭帝即位，几年后与匈奴和亲。汉向匈奴要苏武等人，匈奴谎称苏武已死。后来汉朝派人出使匈奴，随苏武一起出使匈奴而被拘留的常惠，晚上偷偷见汉朝使者，教他对匈奴单于说，皇帝在上林苑打猎，得到大雁脚上系着帛书，上面说苏武在某个湖边。汉使依计而行，单于听后非常吃惊，并致歉赔罪，将苏武送回汉朝。

苏武羁留匈奴达 19 年之久，去的时候还是壮年，到回来的时候已是花甲。朝廷封他典属国。

苏武的故事告诉我们，能够忍受苦难，方能成就功业。春秋时的晋文公，名叫重耳，是晋献公的儿子。受到骊姬的诬陷，在外逃亡流浪了 19 年，周游了卫、齐、宋郑、秦、楚等国家，各种艰难险阻，全都体验了；人的真诚虚伪，也都知道了。后来回到自己的国家，被立为文公，称霸于诸侯。可见历经磨难，才能成就大业。如果不能经受苦难的磨炼，受苦时不能忍耐，就成不了大器。对苏武和晋公文而言，命运就像露水，生死就在瞬间。但是他们忍受了苦难，终于获得了成功。

《牧羊记》表现出的坚贞不屈

关于苏武的事迹，很多著作都记载着。《牧羊记》是一出历史故事剧，有清抄本《苏武牧羊记》，全剧 25 出。讲的是汉武帝时的故事，苏武出使匈奴，被匈奴扣押，拒不投降，被放逐到北海牧羊。19 年的牧羊生活，苏武吞毡啮雪、历尽艰辛。匈奴单于曾令苏武的好友、降将李陵前去探望，动之以情；又派美妓诱之以色。但苏武正气凛然，李陵羞愧而回，美妓自刎身亡。后来，汉皇见到大雁带回苏武的血书，派兵击败匈奴，苏武得以荣归。其中，戏剧情节较历史记载有所增删。据《汉书·苏武传》所载，汉朝使者为了要求匈奴单于释放苏武，才编造了汉武帝在上林射雁得见帛书的故事。

《牧羊记》歌颂了苏武的爱国思想和民族气节。《劝降》《逼降》表现他拒绝敌人的威逼利诱，义正词严，不可侵犯。《吃雪》《牧羊》描写他在冰天雪地中茹苦含辛、不屈不挠的意志。《望乡》《告雁》抒发他思君念母的深情。剧中写了卫律、李陵两个降臣，其思想、品格却不一样。卫律贪图富贵、降顺匈奴，他的贪婪无耻、阴险狡诈受到嘲讽和鞭挞。李陵由于孤军无援，兵败被俘。作者对他的投降有所批判，又较细致地描写了他内心的矛盾和痛苦，表现了一定程度的同情。剧中有些场次写得简练生动，曲词古朴可喜，并能通过景物描写烘托气氛，抒发人物感情。

苏武，离开中原的土地，深入边远的匈奴。他这一走，竟有着"壮士一去兮不复还"的悲戚，在茫茫白雪中，他是怎么度过一个又一个冰冷的夜晚？那里的北海，有着与大汉土地不一样的景色，白云和流雪将天空染成最纯净的白。这种白色，如同苏武的心一样，澄澈后的寂寞，无声的寂寞。但是他"身在匈奴心在汉"，终于等到了19年后的释放。

忍耐不是软弱无能，而是在等最佳时机。忍耐才是成大事者应有的胸怀。当今的青少年也一样，要有忍耐苦楚和困境的精神，才能成就一番事业。

第三节　项羽
——英雄不忍败霸业

项籍，字羽，通常被称作项羽，汉族，秦下相（今江苏省宿迁市宿城区）人，中国古代著名将领及政治人物。秦末时被楚怀王熊心封为鲁公，在公元前207年的决定性战役巨鹿之战中统率楚军大破秦军。秦亡后自封"西楚霸王"，统治黄河及长江下游的梁楚九郡。后在楚汉战争中为汉高祖刘邦所败，在乌江（今安徽和县）自刎而死。项羽的勇武古今无双（古人对其有"羽之神勇，千古无二"的评价），他是中华数千年历史上最为勇猛的将领之一，"霸王"一词，专指项羽。

项羽不忍败霸业

李白《白头吟》中有："宁同万死碎绮翼，不忍云间两分张。"秦灭后，汉王刘邦、西楚霸王项羽之间烽火再起，逐鹿中原。刘邦有勇有谋，项羽忠勇刚直而好逞匹夫之勇。斗力，刘邦不是项羽的对手，但若论斗智斗心术，项羽只能甘拜下风。

就像古今中外的一些大英雄一样，项王的身边也有一个美丽而痴情的女子。她姓虞，名字却没有留下来，人们都称她为虞姬或虞美人。虞姬常年和项王一起征战沙场，他们惺惺相惜，是一对感情非常深挚的爱侣。

公元前202年，楚汉之争的关键一役——"垓下之战"爆发了，楚军在这个战役中遭到了毁灭性的打击，随后，陷入汉军的重重包围之中。项羽知大势已去，但其英雄气概绝不消减，他仰天长叹道："天亡我也。非战之过！"温柔的虞姬尽己所能地安慰他。一天夜里，陷入重围的楚军忽然听到四面八方传来楚地歌声，以为家乡都已被汉军占领（其实这歌声不过是刘邦的一种心理战术而已），顿时军心涣散，连跟随项羽多年的江东八千子弟兵也不例外。这时，项羽才真正心灰意冷了，但是他迟迟不肯突围，因为他放心不下心爱的虞姬。抚今追昔，项羽不禁慷慨悲歌："力拔山兮气盖世，时不利兮骓不逝。骓不逝兮可奈何，虞兮虞兮奈若何！"

聪慧的虞姬听出了这歌声之中项羽那英雄气短、儿女情长的感伤，于是也和了一首歌，歌曰："汉兵已略地，四面楚歌声。大王意气尽，贱妾何聊生！"

项羽闻歌，泣泪数行，对虞姬说："我死之后，你小心地侍奉汉王罢！"言语之间，甚是惭愧、内疚，同时又非常担心今后虞姬的命运。虞姬悲痛地说："我这一生只愿意侍奉大王一人，大王决不能留下我在人间忍辱偷生！"项羽被她的尊严深深感动了，但是他实在不忍心亲手杀死虞姬，就抽出剑，背转过身去，将剑交给虞姬。虞姬接过了剑，毅然自刎。项羽哀恸地安葬了虞姬，自己向东突围。行至长江天险乌江处，追兵逼近，项羽让船夫渡他的爱马过江，自己昂然挺立，也以那柄宝剑自刎。

传说，在项羽埋葬虞姬的地方，后来生出了一种能跳舞的小草，当地人呼为虞美人草。实可叹：情难忍，霸业败。这就是"西楚霸王"项羽的悲剧结局，由于他不懂得"忍"，才会让自己一败涂地。

盛气凌人，坑杀战俘

巨鹿之战，破釜沉舟，以少胜多，凭的是一股锐气。

公元前 207 年（秦二世三年），楚怀王以宋义为上将军，封项羽为鲁公，为次将，范增为末将，以宋义为主帅率兵 5 万前往救赵。宋义军行至安阳，逗留 46 日，不再进军。项羽向宋义建议说："秦军围赵于巨鹿，我们快速引兵渡河，和赵兵内外夹攻，必然可以击破秦军。"但宋义不肯发兵，还在军中饮酒作乐。

当时天气寒冷，又下大雨，士卒又冷又饿。项羽见此状况，于早晨去见宋义，将其斩杀。项羽提着宋义的人头告诉将士："宋义想要和齐联合谋反，楚怀王暗令我将其杀死。"诸将因为畏惧而屈服，不敢抗拒，于是推项羽暂为上将军。桓楚将此事报告给楚怀王，楚怀王只好正式任命项羽为上将军。

项羽杀了宋义之后，威震楚国，名闻诸侯，于是派遣当阳君、蒲将军率领两万士卒渡河，多次进攻章邯给王离军输送粮食的甬道，但收获不大，赵将陈余派人请项羽再次发兵。项羽率领全部兵马渡河，与秦军大战 9 次，章邯破走，项羽率军继续北上进攻王离。楚兵以一当十，呼声动天，打退章邯后，诸侯军受到了极大的鼓舞，与项羽一起进攻王离，斩杀苏角，并生擒王离，秦将涉间不愿投降而自杀。大破秦军后，项羽于辕门召见诸侯将领，诸将无不跪着前来，不敢仰视项羽。于是项羽为诸侯上将军，诸侯都归附于他。

章邯率军驻扎在棘原，项羽驻军于漳水南，两军相持不战。秦军多次被项羽打败，秦二世派人责备章邯，章邯害怕，于是派长史司马欣去请示。司马欣到了咸阳，被赵高留在司马门3天，不予接见，其实就是不信任他。司马欣非常害怕，急忙逃到章邯营中，劝章邯早做打算，赵军陈余也写信给章邯，劝其反秦。章邯暗中派始成前往项羽营谈和约，但没有谈妥。

项羽让蒲将军领兵，日夜兼行渡过三户津与秦军交战，将其击败，而后项羽率领全军又于污水上大破秦军。章邯再次派人来见项羽，想要订立和约，项羽召军吏来商量说："现在军粮越来越少，想答应他们。"军吏说可以。于是项羽和章邯约在洹水南殷墟上相见，并订立盟约。章邯见到项羽后，哭着向项羽倾诉赵高的种种行为。项羽于是立章邯为雍王，司马欣为上将军，率领秦军为前部，行至新安。

公元前206年11月，诸侯的士卒原来都曾在秦服过徭役，受尽秦兵的鞭挞，而今秦兵投降诸侯，诸侯兵都把秦兵当作奴隶来驱使，引起秦兵的不满，暗地里作打算。诸侯听闻到秦兵的计策，将其告诉项羽，项羽召集黥布、蒲将军等人商议，认为秦兵很多，入关中后如果不听令，会引起非常大的祸患。于是，项羽在新安城南连夜坑杀20余万秦军。

项羽取得巨鹿之战的大胜诚然是勇猛的，但是他忍不了一时的义气，坑杀战俘，大失人心，这就是他失败的重要原因之一。

炼钢需要千锤百炼，成事要能忍气吞声。生活就是如此，忍一忍，常常能够让你离终点更加接近。

唐宋八大家之一韩愈在《原毁》中说："古之君子，其责己也重以周，其待人也轻以约。重以周，故不怠；轻以约，故人乐为善。"古人把"忍"当作一个人道德修养的重要组成部分，由此看来，"忍"算得上是我们民族的一种优良传统。

从另一个角度看，忍一时风平浪静，退一步海阔天空。说的就是在遭遇挫折和打击时，是否有能忍的胸怀和度量。人与人相处的过程中，那些对自己隐忍、对他人宽容的人必然可以受到别人的尊重。

第四节　张良
——大将之忍巧避祸

张良，字子房，汉族，颍川城父人。

张良先祖原为韩国颍川郡贵族，其祖三代为韩丞相。秦灭韩后，他图谋恢复韩国，结交刺客，在古博浪沙（在河南原阳东南）狙击秦始皇未遂，逃亡至下邳（今江苏徐州市睢宁县古邳镇）。秦末农民起义，率部投奔刘邦，不久游说项梁立韩贵族成为韩王。以韩司徒之职率军协助平定关中；刘邦西入武关后，在峣下用计破敌；鸿门宴上帮助刘邦脱离险境；灞上分封时"为汉王请汉中地"。后韩王成被项羽杀害，复归刘邦，为其重要谋士。

楚汉战争期间，"长计谋平天下"，都为刘邦所采纳，提出不立六国后代，联合英布、彭越，重用韩信等策略，又主张追击项羽，歼灭楚军。汉朝建立，封留侯。见刘邦封故旧亲近，诛旧日私怨，力谏刘邦封宿怨雍齿，释疑群臣。刘邦曾赞其"运筹帷幄之中，决胜于千里外，子房功也"。

张良拾履，忍一时意气

《说苑·从谈篇》说："善于忍的人一生平安，善于忍的人才能生存下去。"

张良是一位既有血气之勇，又具深谋远虑的传奇人物。为报亡国之恨，他"弟死不葬，悉以家财求客刺秦亡"，古博浪沙一击，差一点要了秦始皇的命；为酬知遇之恩，他"运筹帷幄之中，决胜千里之外"，终于辅佐刘邦战胜项羽，登基称帝。

为消除刘邦易太子之念，他略施小计，让太子请来商山四皓，刘邦一见而易念顿失。以三寸舌为帝王师，封万户，位列侯，功成身退，乃学道术。张良的传奇经历，让人敬慕。

人们大概都熟悉张良拾履的故事。故事中的主人公就是汉高祖刘邦的重要谋臣张良。

　　传说张良在桥上散步，有一位老年人，身穿粗布短衣，走到张良待着的地方，把鞋子扔到桥下，对张良说："小子，下去拾鞋。"张良猛然一惊，心中不满，但见他是如此大的年纪，就给他拾了鞋。老人要张良替他穿上，张良既已为他拾鞋了，也就跪下来为他穿鞋。穿好后，老人笑着走了。走了一里远，又返回对张良说："你这个孩子很可以培养，5天之后，天一亮你来等我。"过了5天，张良来时，老人已先到，批评他说："和老人约会，怎么能迟到？过五天，你再来等我。"

　　第二次，张良又迟到了。

　　第三次，他半夜就去了。老人很高兴，送给张良一部书，并且告诉他说："读了这部书，就可做帝王的老师了。13年后，你会在济北遇到我，谷城山下有块黄石就是我。"天亮后，张良一看，原来是一本兵书，叫《太公兵法》。张良得到这本书后，认真阅读，终于学到了运筹帷幄，决胜千里的本领。

据传说，13年后，张良跟随高祖路过济北，果真在谷城山下看见一块黄石，张良取回它，并把它当作珍宝供奉，张良死后，就和这块黄石合葬在一起。张良忍得住一时的羞辱，获得了一生的益处。作为青少年，遇事不能冲动，更不能意气用事，要学会忍，锤炼自己的品格。

深谋远虑，谏刘邦以忍

　　秦始皇灭掉韩国时，他一心要为韩国报仇。秦始皇巡游东方，张良与刺客在古博浪沙（今河南省原阳东南）窥伺袭击秦始皇，误中随从的车辆。秦始皇大为震怒，在全国大肆搜捕刺客。张良从此隐姓埋名，逃到下邳（今江苏省邳州市南）。于是发生了上面所说的"拾履"的故事。

　　10年后，陈胜起义，刘邦在沛县响应，张良也聚集了100多人，准备归从自立为代理楚王的景驹。在路上遇见了刘邦，很得刘邦的赏识。张良认为，沛公的智慧大概是上天授予的，从此就跟随了刘邦。在进兵咸阳的过程中，峣关是最后一道关口，张良向刘邦献计，并乘秦兵松懈之机袭击秦军。结果秦军大败，使刘邦早于项羽进入咸阳。

　　在咸阳，又是张良力劝刘邦放弃皇宫里声色犬马的富贵生活，还军灞上；在鸿门宴上，张良利用好友项伯使刘邦虎口脱险；刘邦被封为汉王后，张良又建议刘邦烧掉经过的栈道，麻痹项羽，以建立巩固的汉中根据地；刘邦移驻汉中后，张良发现韩信是个军事人才，便和萧何一起劝说刘邦重用韩信，让韩信单独指挥一路兵马，进军黄河北岸，从侧翼配合刘邦进攻楚军。

　　刘邦彭城战败后，曾问张良："我愿捐弃函谷关以东一带地方给人，看谁可以和我共同建功立业？"张良进言说："九江王英布，是楚国的猛将，与项王有隔阂，彭越与齐王田荣正在梁地反抗楚军，这两人立即可用。汉王的将领只有韩信可以委托大事，如果要捐弃关东一带地方，就给这3个人，这样楚军就可以打败了。"于是汉王派萧何去游说九江王英布，又派人去联合彭越。

等到魏王豹反叛，汉王就派韩信带兵攻击他，接着拿下了燕、代、齐、赵四国。最后打败楚国，也正是依仗这3个人的力量。

公元前205年，项羽紧急围困刘邦于荥阳，刘邦恐惧忧愁、同郦食其商量如何削弱楚国的权势。郦食其主张采用恢复韩、魏、燕、赵、齐、楚6个诸侯国的办法，以分散楚军的兵力。张良听说后，对刘邦说："谁给大王出的这种馊主意，大王的大事这样不就全完了吗？"张良分析说采用这种办法，同样也会分散汉军的兵力。刘邦最后同意了张良的意见，并骂郦食其是个书呆子，几乎坏了他的大事。

公元前203年，韩信攻占了齐地，写信派人送给刘邦，要求刘邦封他为齐国假王（临时王）。刘邦大怒说："我被困在这里，日夜盼他来帮助，他却想自立为王。"张良附在刘邦耳边说："现在的战争形势对我方不利，怎么能禁止韩信称王呢？不如立他为王，以稳定他的心，不然，他一定会倒戈变乱。"于是刘邦立即改口说："大丈夫平定诸侯，就当真王，哪里有当假王的。"随后就派张良去授给韩信齐王的封印，叫韩信带兵从东边攻击楚军的后方。这样，不仅稳住了韩信，还减轻了楚军对刘邦正面战场的压力。

公元前202年，刘邦追击项羽到了固陵（在今河南省太康南），韩信、彭越二人却按兵不动，没有按期与刘邦军队会合。张良又向刘邦建议立即增封韩信、彭越以土地，诱使他们出兵。刘邦采纳了这个建议。果然，韩信、彭越率领军队迅速地赶来会师。刘邦的主力部队与韩信、刘贾、彭越、英布诸军会合以后，在垓下包围了项羽，"垓下之战"彻底击败楚军，迫使项羽逃到乌江自杀。

公元前201年，刘邦大封有功之臣。因为张良没立过战功，刘邦就说："运筹帷幄之中，决胜千里之外，这是子房的功劳，你自己在齐地选择三万户作为封地吧！"其实，张良虽未效命疆场，可是他所提出的计谋，对刘邦都起了决定性的作用，受封也当之无愧。可是张良却说："当初我在下邳起事，和陛下在留相会，这是上天把我授给陛下。陛下采用我的计策，只不过是我侥幸料中的，我希望只封给我留就足够了，不敢承当三万户的封地。"于是刘邦就封张良为留侯。

刘邦已封大功臣 20 多人，其余的人日夜争执不休。刘邦在洛阳南宫，从阁道上看见各位将军常常一起坐在沙地上议论。刘邦问张良："这些人在议论什么？"张良说："陛下还不知道吗？这些人在密谋反叛。"刘邦："天下已安定为什么要谋反？"张良说："陛下以平民起事，依靠这些人夺取了天下，如今陛下是天子，而所封的都是萧何、曹参等和陛下亲近的老熟人，而所惩罚的都是陛下平时仇恨的人。如今军官都在计算功劳，他们认为拿出全天下也不够人人封赏，又怕平生有过失被怀疑而受诛杀，因此就聚在一起谋反了。"刘邦焦急地说："对他们怎么办呢？"张良说："陛下平生最痛恨的是谁？这件事又是群臣所共知的。"刘邦说："雍齿和我是旧交，曾经多次侮辱我，我想杀掉他。因为他功劳大，因此又不忍心。"张良说："如今赶快先封雍齿给群臣看，群臣看见雍齿被封，人人都会安定下来。"

于是，刘邦设酒宴，封雍齿为十万侯，又赶忙催促丞相、御史给其他人定功封赏。群臣都高兴地说："雍齿都封侯了，我们这些人没有什么担忧的了。"

张良的计策及时有效地消除了一场内乱。在分封功臣之后，刘邦考虑建都于何处的问题。许多大臣和将领都主张在洛阳建都。张良建议刘邦定都关中，刘邦采纳了他的建议，建都长安。

公元前 197 年，陈豨反汉称王。次年，张良跟随刘邦出兵，消灭了陈豨。这年正月，刘邦的妻子吕后杀韩信，3 月杀彭越；7 月，英布反汉，第二年败死。张良看到这种情况，便采取明哲保身的态度。他说："我的祖先是韩国宰相，韩国亡后，我舍去全部家产，为韩国报仇。我只有三寸之舌，就封万户侯，对一个普通人来说已达到极点了。我的愿望已经达到了，我想学道去。"

张良学道 8 年后去世。

汉朝初年，张良和韩信整理过古代兵法。据载，自春秋至战国，有兵法 128 家，经过张良、韩信审查删订，保留 35 家。张良对于整理古代兵法也是有很大贡献的。

张良确实是一个具有战略眼光的军事人才，他在刘邦建立和巩固汉朝的过程中，深谋远虑、运筹帷幄，起了很大作用。战争胜利后，他谦虚谨慎，不要三万户侯，而要留。他的"学道"也是一种避祸的巧妙方法，终于没被刘邦和吕后杀掉，有一个善终的结局。张良一生出谋划策，建立了不世之功，就连司马迁都想象他一定是一个相貌魁伟、风采夺人的奇男子，然而事实上他却是"状貌如妇人"。这正印证了孔子的话："以貌取人，失之子羽。"

第五节　富兰克林
——因大事而忍小事

本杰明·富兰克林，18 世纪美国杰出的科学家和发明家，著名的政治家、外交家、文学家以及美国独立战争的伟大领袖。他一生最真实的写照是他自己所说过的一句话："诚实和勤勉，应该成为你永久的伴侣。"

小事需忍，以免因小失大

富兰克林不仅是一位优秀的科学家，还是一位杰出的社会活动家。

有一次，富兰克林在参加议会时，受到一位议员的攻击。如果富兰克林当场和议员争论起来就会导致活动无法正常进行。为了使活动能够顺利进行，富兰克林采用了避实就虚的策略。之后通过向其他人了解，他得知这位议员非常讲究绅士风度，家中有大量的藏书，本人也十分有学问。

几天以后，那位议员收到了富兰克林的一封信，信中言辞极其诚恳，目的只是要借一本书。绅士风度的议员立即命人将书给富兰克林送去了。过了几天，富兰克林派人把书给议员还回去，随书还附了一封表示感谢的信。

这一切都显得那么自然、那么绅士，那位议员改变了对富兰克林的看法。

原本不屑与富兰克林说话的议员，在下一次的议会开始前，主动过来和富兰克林握手交谈，并且说，以后需要用书，尽管找他借。其他的事情他也会支持富兰克林。这样，富兰克林就把所有精力都用在工作上，而且得到了很多人的支持。无论是"以大局为重"还是从长远考虑，忍得一时，忍得小事，才能有一番大作为。

每忍一次都能磨炼自己的意志。钢铁就是这样炼成的，英雄也是这样磨成的。我们只有学会忍耐，能够忍耐了，才可能把自己的追求与梦想变为现实，从而取得人生中的胜利与成功。

独立战争领袖

　　1775年5月5日，富兰克林回到了费城。两个星期以前，这座城市已经准备投入一场战斗中，起因是盖吉将军手下的一支英国部队在莱克星顿和康科特街与武装民兵发生了冲突。当时伦敦已经下令逮捕富兰克林，因此他毫不犹豫地投入到了起义大军的行列，除了成为美洲殖民地第二届会议的代表外，富兰克林还负责一些重要的委员会。

　　1776年夏天，他加入一个5人委员会，负责起草宣告美国独立的文件。托马斯·杰斐逊起草了宣言的初稿，富兰克林觉得杰斐逊在表述"真理"这句话时使用的"神圣和不容否定"不够确切，他建议修改为"我们认为这是不言自明的真理"。

　　由于急需武器，美国决定向法国寻求帮助，富兰克林被派往法国完成这一重要使命。尽管年事已高，但他还是接受了任命，这就意味着他又要和女儿萨拉以及外孙们分离。

　　而富兰克林的这次出使，对北美人民争取自由独立的斗争起了重大的作用。美国独立战争以美国人取得最后胜利而结束。

　　富兰克林因为追求美国的独立，也给自己的个人生活带来了影响。他的儿子威廉是一个坚定的英帝国追随者，在美国独立的问题上无法与父亲达成共识。富兰克林还和许多英国朋友断绝了往来。

　　当时，70岁的富兰克林身体虚弱，痛风和肾结石折磨着他。但就在美国国会通过《独立宣言》的当天，他便启程前往法国，伴随他的是一个新生国家的希望。在法国，到处都是密探和双重间谍，富兰克林小心翼翼地筹措资金、安排装卸武器的船只，巧妙地处理被法国武装民船扣押的货运船。一方面他是个骄傲地反对王权和贵族的人，同时他又不排斥有可能帮助美国独立的法国贵族和王室成员。随着与路易十六及玛丽·安东尼特王妃见面的日子越来越近，富兰克林更加小心谨慎。他每跨出去一步都充满艰辛，因为当时他只是一名没有正式任命的外交使节，代表的又是一个尚未被承认的国家。

在法国期间，富兰克林一方面想方设法让法国承认美国，同时又冒着生命危险巧妙地解决武器的运输问题，并谋求军事上的同盟。1778 年法国和美国正式结盟，这时富兰克林与约翰·杰伊和约翰·亚当斯一起被派往英国，运用各种手段力争在不得罪同盟国法国的前提下，和英国进行和平谈判。1783 年 9 月 3 日，美国与大英帝国正式签订了《巴黎和约》。据说，当天富兰克林穿的衣服正是 10 年前他在英国枢密院受尽辱骂时所穿的那件。但这一次他代表了一个新生的国家，他把过去的耻辱转化成了今日的胜利。

1785 年春天，美国政府终于同意了富兰克林要求回国的请求。富兰克林说尽管他爱法国，不过还是希望在自己的祖国度过余生。当年富兰克林是以说客的身份去法国的，离开时他成了一个主权国家的代表。

他的离去在美国、法国和英国都引起了不小的震动，尤其是法国。法国参议院为他默哀。在法国人看来，他们更加重视、爱戴富兰克林，更懂得欣赏他的才华。美国总统乔治·华盛顿这样评价他："因为善行而受景仰，因为才华而获崇拜，因为爱国而受尊敬，因为仁慈而得到爱戴，这一切将唤起人们对你的亲切爱戴。你可以得到最大的欣慰，就是知道自己没有虚度一生。"

热爱生活的富兰克林，从北美沿海一个默默无闻的港口城镇走出来，成长为那个时代的风云人物。他的奇闻轶事如同一笔巨大财富流传了下来。他的一生是为了大事而自我隐忍、自我奋斗、自我完善的过程，在众多不同的领域都取得了巨大的成就。在那些视美国人为未开化民族的人面前，富兰克林以他的美德和睿智向全世界重新定义了"美国人"。

第六节　孟尝君
——忍耐傲慢有才的人

孟尝君，妫姓，田氏，名文，中国战国四公子之一，齐国宗室大臣。其父靖郭君田婴是齐威王幼子、齐宣王的异母弟弟，曾于齐威王时担任军队要职，于齐宣王时担任宰相，封于薛（今山东滕州东南官桥张汪一带），权倾一时。田婴死后，田文继位于薛，是为孟尝君，以广招宾客，食客三千闻名。孟尝君死后，葬于薛国东北内隅，与其父亲的墓冢东西排列，为古薛"四门八堌堆"中两大堌堆。

容忍傲慢的有才之人

战国时期，有一个叫冯谖的人，穷得日子过不下去了，听说孟尝君喜欢招揽门客，就去投奔他，孟尝君把他安排在传舍。住下不久，冯谖一边弹着佩剑一边唱道："长剑啊，我们回去吧。没有鱼吃啊！"孟尝君听了，把他转到幸舍，他吃饭的时候就有鱼了。但他又唱道："长剑啊，我们回去吧，出门没有车坐啊！"孟尝君听了又把他转到代舍，他出门就有车子坐了。但冯谖又唱道："长剑啊，我们回去吧，没有东西养活家人啊！"他的做法让旁边的人都讨厌他，认为他如此之穷还这么不知满足。

孟尝君问冯谖，你还有什么亲人吗？冯谖回答说，还有一个老母亲。于是，孟尝君派人给他母亲送去粮食，并保证他家里不缺乏日用之物。从此，冯谖不再唱了。

有一次，孟尝君问这些门客，谁能替他到薛城去收债，冯谖报名说他能。孟尝君把他请来相见，向他道歉说，我由于事情很多，忙得整天很烦躁，得罪了先生，您不仅不见怪，反而愿意帮助我收取债务？冯谖回答说愿意。于是冯谖准备出发，临走时问孟尝君，收齐了债务，我买些什么东西回来呢？孟尝君说，看到我们家里没有的东西，你就买吧。

冯谖到了薛城以后，看到那些很贫穷以致不能还债的人，就把债契烧毁了。驾车直接回到齐国，清晨求见。孟尝君很奇怪他怎么回来得这么快，就穿好衣服来见他，说，你为何回来得这么快？买了什么东西回来？冯谖回答说，您的宫中堆满了金玉宝物，美妾每个房间都是，这些东西您都不缺，您缺少的是仁义，我为您买了仁义，宣扬了您的美名。孟尝君听后拍着手连声道谢。

后来，孟尝君的声望越来越大。秦昭襄王听到齐国重用孟尝君，感到很担心，暗中打发人到齐国去散播谣言，说孟尝君收买民心，眼看就要当上齐王了。齐愍王听信这些话，认为孟尝君威胁他的地位，决定收回孟尝君的相印。孟尝君被革了职，只好回到他的封地薛城去。

孟尝君回薛城，还差 100 多里路，就看到老百姓扶老携幼在道旁迎候他。孟尝君对冯谖说："您为我买的仁义，我今天看见了。"

正是由于孟尝君有君子的胸怀和修养，所以对于冯谖提出的要求尽量满足，然后又支持冯谖烧毁债契的做法，赢得了好名声。正因为孟尝君以一颗宽容之心容忍了冯谖的傲慢和"不知足"，才使得他为自己买下了仁义和美名，让自己被革职回封地后仍然受到当地人民的欢迎和爱戴。也就是说，容忍别人就是帮助自己。

宽容大度，招揽人才

孟尝君在薛邑，招揽各诸侯国的宾客以及犯罪逃亡的人，很多人归附了孟尝君。孟尝君宁肯舍弃家业也要给他们丰厚的待遇，因此使天下的贤士无不倾心向往。他的食客有几千人，待遇不分贵贱一律与田文相同。孟尝君每当接待宾客、与宾客坐着谈话时，总是在屏风后安排侍史，让他记录孟尝君与宾客的谈话内容，记载所问宾客亲戚的住处。宾客刚刚离开，孟尝君就已派使者到宾客亲戚家里抚慰问候，献上礼物。

有一次，孟尝君招待宾客吃晚饭，有个人遮住了灯光，那个宾客很恼火，认为饭食的质量肯定不相等，放下碗筷就要辞别而去。孟尝君马上站起来，亲自端着自己的饭食与他的相比，那个宾客看到和孟尝君的食物和自己一样，惭愧得无地自容，就以刎颈自杀表示谢罪。

因此有很多贤士都情愿归附孟尝君。孟尝君对于来到门下的宾客都热情接纳，不挑拣，无亲疏，一律给予优厚的待遇。所以宾客人人都认为孟尝君与自己亲近。

孟尝君任齐国宰相时，一次他的侍从魏子替他去收封邑的租税，三次往返，结果一次也没把租税收回来。孟尝君问他这是什么缘故，魏子回答说："有位贤德的人，我私自借您的名义把租税赠给了他，所以没有收回来。"孟尝君听后发了火一气之下辞退了魏子。几年之后，有人向齐愍王造孟尝君的谣言说："孟尝君将要发动叛乱。"等到田君甲劫持了愍王，愍王便猜疑是孟尝君策划的，为避免殃祸，孟尝君出逃了。

曾经得到魏子赠粮的那位贤人听说了这件事，就上书给愍王申明孟尝君不会作乱，并请求以自己的生命作保，于是在宫殿门口刎颈自杀，以此证明孟尝君的清白。愍王为之震惊，便追查考问实际情况发现，孟尝君果然没有叛乱阴谋，便召回了孟尝君。孟尝君因此推托有病，要求辞官回薛邑养老，愍王答应了他的请求。

太史公说："我曾经路过薛邑，那里的乡间有很多桀骜不驯的少年，与邹国、鲁国不同。我问是什么缘故，回答说，孟尝君招致天下以行侠仗义为己任的人以及奸诈的人 6 万多家居住在薛邑。世上传说孟尝君好客并以此为乐，确实不虚名啊！"

正是孟尝君的这种容忍、大度，才使得众多食客归附于他，为他出谋献策，也使自己得到了"好客并以此为乐"的美名。由此看来，仁爱宽恕的待人处世方法具有一种普适性价值，是生而为人就应有的道义和智慧。

第 3 章

取舍人生：懂取舍方能知进退

　　随着岁月的流逝，人的一生似乎都是在选择中度过的，总在与自己的力量不相称的目标中，欲求更多的东西。正如《孟子》所说："鱼与熊掌不可兼得"，要适当地学会放弃和退让。正所谓退一步海阔天空，只有懂得取舍才能获得更多的机会和长远的发展。

第一节　马援
——弃愚主投贤君

马援，字文渊，扶风茂陵（今陕西省兴平市窦马村）人。著名军事家，东汉开国功臣之一。

新朝末年，天下大乱，马援为陇右军阀隗嚣的属下，甚得隗嚣的信任。归顺光武帝刘秀后，为刘秀的统一战争立下了赫赫战功。天下统一之后，马援虽已年迈，但仍请缨东征西讨，西破羌人，南征交趾，因功封新息侯。其老当益壮、马革裹尸的气概甚得后人的崇敬。

马援弃愚主投贤君

俗话说："良禽择木而栖，贤臣择主而侍。"何谓"良禽"和"贤臣"？工作环境和领导者是一个重要的因素。选择什么样的环境，选择什么样的领导，也许就会影响你的一生。当环境和领导不适合你的时候，摒弃迂腐的固守，勇敢地走出困境，不失为一种明智的抉择。

马援是东汉初年著名的军事家，他为东汉王朝的建立、巩固和发展做出了巨大的贡献。之所以能够功成名就，是因为他懂得择明主而事。

马援年轻的时候便立下大的志向，但却是大器晚成。在没有遇到贤明的君主之前，他虽然有着满腹才略，但是却并不急于施展，更不想随波逐流。在这段时间，他主要从事交友以开阔视野和胸襟。后来，他又到了北郡畜牧，过着简朴而惬意的生活。不过，马援的志向并未被这逍遥惬意的生活消磨掉。他曾对宾客说："丈夫为志，穷当益坚，老当益壮。"可见其志向的远大。

西汉末年，天下局势更加动荡不安。各地义军纷纷揭竿而起，各地豪强地主也纷纷割地称雄。当时刘秀称帝，其他很多人也纷纷效仿，自立为王。

这时候，有人得知马援是个有勇有谋的人才，就把他推荐给了王莽。由于盛情难却，马援只好接受。但是过了没多久，马援就发现王莽是一介武夫，根本没有治国安邦的才能。于是他辞职回到了自己原来的地方，重操旧业。与此同时，他还十分冷静地观察与分析当前的形势，以便找到真正贤明的君主。

没过多久，天水（今甘肃一带）的隗嚣听说马援之名，来请他出山帮忙，并予以重用。隗嚣对马援可谓是言听计从，但是马援却不满意，觉得隗嚣没有远大的志向，只图偏安一隅，且缺乏实力。他决定继续寻找贤明的君主。

当时还有一个十分强大的势力，即称帝巴蜀的公孙述。隗嚣便让马援去公孙述那里打探虚实，以便决定到底投奔谁。马援同公孙述交情很好，但是这次相见，公孙述却对马援大摆帝王架子和排场。这种作风让马援极其厌恶，因而婉言拒绝了公孙述的挽留。

回去后，马援对隗嚣说公孙述实在是井底之蛙，却又妄自尊大，因此不能跟随，所以，他好意劝说隗嚣归顺刘秀。马援说服隗嚣后，直奔洛阳。刚到洛阳，就受到刘秀不设警卫而便装相迎的礼遇。刘秀这种礼让相待的做法让马援很是感动。自此之后，马援常常与刘秀深谈，并且经常跟随刘秀外出巡视，这些经历让马援获益良多。时间一长，马援认定刘秀就是自己想要找的那个贤明之主。

后来，隗嚣却野心膨胀，想要妄自称王，准备和刘秀公开抗衡。对此，马援又一次进行了客观的分析，认为刘秀志远而礼贤，隗嚣短浅而粗野，最终，马援选择了辞别隗嚣而去投奔刘秀。

自此之后，马援终于有了用武之地，开始跟随刘秀踏上了东汉的统一之路。在刘秀身边，马援充分展现了他的雄才大略，并屡建奇功。虽然这个时候的马援已经不再年轻，但是他最初的远大抱负也得以实现了。

在那种动荡不安的时局下，面对此消彼长的各方势力，马援能够明智地选择投奔明主刘秀，这是非常有远见的。马援的成功在于他的取舍得当。一个胸怀大志的人应该明白，只有和志同道合者一起构成一个智慧超群、饮誉天下的团体，才能共同发光放热。

后世评价马援时说，他与其他开国功臣不同，马援大半生都在"安边"战事中度过。马援为国尽忠，殒命疆场，实现了马革裹尸、不死床箦的志愿。不可否认，马援所参与的战争，一般都发生在封建王朝和周边少数民族之间，马援本人思想上也有不可避免的时代局限，但他忠勤国事，马革裹尸，仍然令人钦佩。马援进身朝廷，没有一个人推举荐拔，全靠自己公忠为国。

能够坚持自己的梦想，不因客观环境的改变而改变的人的确是值得称赞的。但当遇到真正可以施展自己抱负的机会时，当代的青少年更应该像马援一样，果断而及时地做出选择，投奔到更广阔的天地。

胸有大志，眼光长远

马援12岁时，父亲去世。马援年少而有大志，几个哥哥都感到奇怪，曾教他学《齐诗》，但马援却不愿拘守于章句之间，就辞别兄长马况，想到边郡去耕作放牧。谁知没等马援起身，马况便去世了。马援只得留在家中，为哥哥守孝一年。在此期间，他没有离开过马况的墓地，对守寡的嫂嫂也非常敬重，不整肃衣冠，从不踏进家门。

后来马援当了郡督邮。一次，他奉命押送囚犯到司命府。囚犯身有重罪，马援可怜他，私自将他放掉，自己则逃往北地郡。后天下大赦，马援就在当地畜养起牛羊来。时日一久，不断有人从四方赶来依附他，于是他手下就有了几百户人家，供他指挥役使，他带着这些人游牧于陇汉之间，但胸中之志并未稍减。他常对宾客们说："大丈夫的志气，应当在穷困时更加坚定，年老时更加壮烈。"

马援种田放牧，能够因地制宜，多有良法，因而收获颇丰。当时，共有马、牛、羊几千头，谷物数万斛。对着这田牧所得，马援慨然长叹，说："凡是从农牧商业中所获得的财产，贵在能救济于人，否则就不过是守财奴罢了！"于是，把所有的财产都分给兄弟朋友，自己则只穿着羊裘皮裤，过着清简的生活。

马援就是如此具有独特的眼光和价值观，知道如何能更好地实现自己的价值，或者等着待时而动的机会。

所以无论是面对前途事业的伟大目标，还是在日常工作生活中与人相处时，我们都要顾全大局，不能仅为坚持个人的一点利益而"钻牛角尖儿"。要知道，我们每一个人都是身处在某种大环境之中，不维护好社会的和谐，每一个体是无法得到长久之安稳的。只有懂得舍弃自己的小利益，维护共同的大福利，"舍小我，成大我"，这样，社会才会得以进步，我们才会获得更广阔的发展空间。

第二节　川端康成
——不懂放弃终厌世

川端康成，日本新感觉派作家，著名小说家。他出生在大阪，幼年父母双亡，后祖父母又陆续病故。他一生漂泊无着，心情苦闷忧郁，逐渐形成了感伤与孤独的性格，这种内心的痛苦与悲哀后来成为川端康成文学中作品的底色。

川端康成在东京大学国文专业学习时，参与复刊《新思潮》（第 6 次）杂志。毕业后，和横光利一等人创办《文艺时代》杂志，后成为由此诞生的新感觉派的中心人物之一。他一生创作 100 多篇小说，中短篇多于长篇。他的作品富抒情性，追求人生升华的美，并深受佛教思想和虚无主义影响。早期作品多以下层女性作为小说的主人公，写她们的纯洁和不幸。后期一些作品写了近亲之间、甚至老人的变态情爱心理，表现出颓废的一面。

川端康成的性格及创作

1899 年 6 月 11 日，川端康成生于大阪府大阪市北区此花町（今天神桥附近），他的祖辈为地方有名的富贵，家道中落后迁于东京，其父亲习医。川端康成两三岁时父母病故，祖父将他带回大阪府抚养，他唯一的姐姐则寄养在另一亲戚处。由于身体孱弱，川端康成的幼年生活是封闭式的，几乎没有与外界的接触。而这种过分的保护并没有改善他的身体情况，反而塑造了他忧郁、扭曲的性格。

川端康成上学后，这种生活有所变化，但不幸又接踵而来：川端康成的祖母、姐姐、祖父相继过世。这种关于死亡的体验给他留下的恐惧影响了他的一生。孤独的川端康成一边拒绝现实中的热量，一边在文字的世界里绘制着想象中热量，那个时候他开始阅读《源氏物语》——在他的一生中，这本书是另一个重大的影响，评价他的作品，就不可避免地要提到《源氏物语》。中学时，川端康成对于《源氏物语》还仅仅是一知半解，但就他所能体会到的感觉，他开始尝试自己写作。

1915年，一本杂志刊登了他的几首俳句。次年，他在当地的一份报纸《京阪新闻》上发表了几篇短文。中学毕业后，川端康成前往东京府旧制第一高等学校学习，在那里他接触到世界文学及日本文学中最精辟、最前沿的东西。

1920年后，川端康成对于写作风格不断探究，短篇《招魂节的一幕》奠定了其在文坛的第一步。

1926年，除了其一生唯一一部剧本《疯狂的一页》被拍成电影，川端康成发表了《伊豆的舞女》。获得赞誉的川端康成并没有停留不前，其写作风格从新感觉到新心理主义，又到意识流，1931年的《针、玻璃和雾》可以说是其中一个的代表。接下来，川端康成的作品中开始出现作品佛教"空""无"的思想。

1968年10月17日，川端康成以《雪国》《千只鹤》及《古都》等作品获得诺贝尔文学奖，他是历史上第一个获得此奖项的日本人，也是继泰戈尔之后第二位获此奖项的东方人。当他在瑞典科学院领奖时发表了《美丽的日本的我》，在这篇文章中川端康成引用了诸多古典文学诗词，来抒发自己对于日本、日本民族的美的热爱。

也许任何人都很难想象，一个如此有才华的作家，最后竟然走上了自杀的道路。这无疑是为人们所不解和惋惜的。假如他懂得放弃一些对于过去的伤怀芥蒂，懂得看开自己所经受的苦难磨砺，也许就不会发生如此遗憾的事情了。

不懂放弃出现厌世情绪

日本著名作家川端康成获得诺贝尔奖之后，声名大振。因此常被官方、民间，包括电视广告商人等拉着广做宣传。文人难免天真，不擅应酬，心慈面软，不会推托，做事又过于认真，不懂敷衍。于是，川端康成陷入忙乱的俗事重围，不知如何解脱，终于以自杀了此一生。据报道，川端临终前，曾为筹措笔会经费而心力交瘁，心情十分低落，这可能是促使他厌世自杀的原因之一。

一位哲人指出："与其花许多时间和精力去凿许多浅井，不如花同样的时间和精力去凿一口深井。"诚然，对一位作家来说，能获得诺贝尔奖，这口井已经算是凿得够深了。但如果川端康成不被卷入使他烦倦不堪的琐事，而能宁静度岁，以他丰富的智慧，或许会有更具哲理之作留传于世。

一个人，能认清自己的才能，找到自己的方向，已经不容易，更不容易的是，能抗拒潮流的冲击。许多人仅仅为了某件事情的时髦或流行，就跟着别人随波而去，他忘了衡量自己的才干与兴趣，因此把原有的才干也付诸东流，所得到的只是一时的热闹，而失去了真正成功的机会。

川端康成作为一位著名作家，最终以自杀结束了自己的生命。他的成名给他带来了很多的荣誉，而他不懂得拒绝，不知道该如何推却不必要的应酬而使自己陷入了忙乱中，渐渐迷失了自己，找不到属于自己的那份宁静。

现实生活中，忙要忙得有头绪，要知道哪些是应该忙的，哪些是没必要的。推开那些无所谓的，坚持自己所要坚持的。学会舍得与放弃，放开那些对自己没有益处的。

懂得放弃，就是一种境界，一种修养。没有太多的纷扰和欲望的捆绑，人就会活得更加洒脱、更加自由。学会放弃，是一种智慧，更是一种心灵的自由。我们的现实生活中，原本是有许许多多的快乐，只是有的人往往自寻烦恼，平添忧愁。

很多时候，我们舍不得放弃，舍不得放弃对一些事情的追逐。于是，只能用生命作为代价，透支健康与年华。但是，有谁知道，在得到一些自己认为珍贵的东西时，又有多少和生命休戚相关的美丽溜走了？选择放弃，既是遍历归来的路，又是重登旅程的路，又是对过去诱发深思的路，也是对未来满怀憧憬的路。

生活中，不好的境遇会不期而至，使我们措手不及，这时我们更要学会放弃。放弃焦躁性急的心理，安然地等待转机，让自己对人生有一种超然的心态，即使我们达不到这种境界，我们也要学会放弃，争取活得潇洒一些。就算"鱼"与"熊掌"同等重要，在必须只取一种时，必然要放弃另一种，这也是一种生存的智慧。

第三节　马克·吐温
——舍弃原来的思维

马克·吐温，美国著名小说家、演说家，19世纪后期美国现实主义文学的杰出代表。其作品风格以幽默与讽刺为主，既富于独特的个人机智与妙语，又不乏深刻的社会洞察与剖析，主要的代表作品有《汤姆索亚历险记》《百万英镑》等。

他被称为美国文学史上最知名人士之一，被推崇为"美国文坛巨子"，也被誉为"文学史上的林肯"。其交友甚是广泛，迪士尼、魏伟德、尼古拉·特斯拉、海伦·凯勒、亨利·罗杰诸君等，皆为其友。

放弃执着，换另一个角度看问题

放弃执着是一种坦然的、洒脱的、大方的态度。放弃执着，从另一个角度思考问题，思路会更宽。舍弃传统的思维，就会得到不一样的风景。

在马克·吐温小的时候，有一天因为逃学，被妈妈罚去刷围墙。围墙有 3 米高 30 米长，比他的头顶还高出许多。他把刷子蘸上灰浆，刷了几下。刷过的部分和没刷的部分相比，就像一滴墨水掉在一个球场上。他灰心丧气地坐下来，他的一个伙伴桑迪，提了只桶跑过来。

"桑迪，你来给我刷墙，我去给你提水。"马克·吐温建议。桑迪有点动摇了。

"还有呢，你要是答应，我就把我那只肿了的脚指头给你看。"马克·吐温说。桑迪经不住诱惑了，好奇地看着马克·吐温解开脚上包的布。可是，桑迪到底还是提着水桶拼命跑开了，因为他妈妈在瞧着呢。

马克·吐温的另一个伙伴罗伯特走了过来，还啃着一只鲜脆多汁的大苹果，引得马克·吐温直流口水。突然，他十分认真地刷起墙来，每刷一下都要打量一下效果，活像大画家在修改作品。"我要去游泳，"罗伯特说，"不过我知道你去不了。你得干活，是吧？"

"什么？你说这叫干活？"马克·吐温叫起来，"要说这叫干活，那它正合我的胃口，哪个小孩能天天刷墙玩呀！"马克·吐温卖力地刷着，一举一动都显得特别快乐。

罗伯特看得入了迷，连苹果也吃得不那么有味道了。

"嘿，让我来刷刷。"

"我不能把活儿交给别人。"马克·吐温拒绝了。

"我把苹果给你行吗？"罗伯特开始恳求。

"我倒愿意，不过……"马克·吐温犹豫道。

"我把这苹果给你！"

小马克·吐温终于把刷子交给了罗伯特，坐到阴凉处吃起苹果来，罗伯特为这得来不易的权利刷着墙。一个又一个男孩子从这里经过，高高兴兴想去度周末，但他们个个都想留下来试试刷墙。

马克·吐温为此收到了不少交换物：一只独眼的猫，一块糖，一个石头子，还有两个甜美的橘子。

换一种角度看待问题，放弃原来的思维，或许会获得更多的收获。

连续的工作，让我们失去了很多思考的空间，我们常常会生活在自己的思维空间中，习惯于固定的生活方式，更习惯于用常理去思考发生在身边的矛盾，用被人们普遍认同的方法去处理问题，而结果时常是疑惑与苦闷，并未有期待的结局出现。故而长时间会被这份苦闷包围着，并深受其折磨。思来想去，其实就是一种心态，一种拘泥于疑惑与苦闷不能自已的心态，说白了就是自己折磨自己，似乎这样才觉得自己真正地去想、去思考、去处理了，其实一切困难仍然停留在原来位置，毫无进展。现实中，大部分人都遵循着这一所谓的原则和规律。

面对烦恼的事，换个角度去思考，自然也就换了种心情，甚至换了个活法，想到这里，心里便更加的坦然。

舍弃失败，从头再来

没有谁永远是一帆风顺的，人生路上，自信的心态最关键。

在文学创作方面是一个杰出的天才的马克·吐温，在商场上却是一个"十足的笨蛋"。两次经商活动，也是他两次伤心的"政策失败"，更是两次"黄金梦"的破灭，给他带来的是债台高筑……

马克·吐温的第一次经商活动，是从事打字机的投资。那是 1880 年，马克·吐温靠爬格子发了点小财，并有了点名气。正在这时，一个叫佩吉的人来找他投资。马克·吐温想：靠爬格子只能发小财，发不了大财，要发大财，只有投资商业。于是，他爽快地拿出 2000 美元，投资研制打字机。至于实验者的研究能力、研究方案的可行性和确实价值，他一点儿也不知道。

1 年过去了，佩吉找到马克·吐温，亲热地对他说："快成功了，只需要最后一笔钱……"但是，时间一晃就是 7 个年头，这个"快成功"的打字机还没研究成功。马克·吐温屈指一算，先后大约有 2 万多美元损失殆尽。

马克·吐温哪料得到，他 45 岁开始投资研制打字机，到 60 岁已是满头白发的老人了，打字机还没研制成功。但当善于花言巧语的佩吉出现在他面前时，他想发大财的欲望又被煽起，决心又动摇起来。佩吉最后一次对马克·吐温说："打字机已研究成功。如果你愿再拿出最后一笔钱，当然要多点，那就……"

"要多少？"

"4 万！"

"4 万就 4 万吧。"

佩吉高兴得差点跳起来。他心花怒放地对马克·吐温说："我们的好船长，好望角就在眼前，只要再坚持一下，就能看到它了。"

然而，"好望角"永远没在马克·吐温这个傻船长眼前出现。相反地，传来的是晴天霹雳的坏消息：其他竞争者已把打字机发明出来了，并已投入工业生产。马克·吐温投资的那个还在"调整"的打字机，即使这时能投放市场，也赚不了几个钱。发大财的美梦成了泡影。时至此刻，马克·吐温才完全醒悟过来。他痛心疾首地说："我完全明白了，现在我承认自己是个大傻瓜……"

马克·吐温第二次经商是开办出版公司。马克·吐温50岁的时候，他的名气更大了。看着自己作品的出版收入大部分落入出版商的腰包，而自己只能拿到其中的 1 / 10，马克·吐温颇有感触。他想开个出版公司，专门出版、发行自己的作品。这时候，他手头有6部作品即将脱稿。他决心当个出版商，自己出版自己的作品。

令人哭笑不得的是：马克·吐温不但没有任何建立和管理一家出版公司的经验，而且连起码的财会知识都不懂。他只好请来30岁的外甥韦伯斯特当公司的经理。然后由他出面，贷款购买了20部印刷机，建立7家装订所，还雇用了1万多名推销员，大张旗鼓地干起来了。

马克·吐温被两次偶然的胜利搞得昏昏然，他继续扩大出版业务。谁料到，经理韦伯斯特除了比他多懂得一些财会知识外，经营管理方面却一窍不通。到了第3个年头，韦伯斯特感到实在难以再干下去了，便卷起铺盖一走了之。马克·吐温只得亲躬商务。可是他一见到账目就头痛，更别提怎样去管理好整个出版公司，只好另请他人照顾他的出版公司，自己甩手不管。这个出版公司勉强维持了10年，最后在1894年的经济危机中彻底坍塌。马克·吐温为此背上9.4万美元的债务，他的债权人竟有96个之多。

两次经商，两次失败，损失达30万美元，马克·吐温痛不欲生，甚至产生这样的念头：他想了结此生，免得自己一天到晚四处躲避，像老鼠怕猫一样，害怕见到债主。

马克·吐温的妻子奥莉薇娅贤惠聪颖，她深知自己的丈夫是个文学巨匠和演讲天才，经商并不是他的强项。对马克·吐温两次经商失败，不但毫无责难之词，而且还尽力安慰他，鼓励他，帮助他制订了一个 4 年还债计划——巡回演讲。

她陪着马克·吐温先在美国各地作演讲，1895 年又跟着马克·吐温到世界各地演讲。马克·吐温让自己重新以自信的心态去做手头的事情，以幽默的故事和生动的言辞吸引了千千万万的听众。他的才干在演讲和写作中得到真正的发挥，他很快摆脱了失败。1898 年，马克·吐温终于还清了全部的债务。

有时候我们喜欢或认定的并非是自己擅长的领域，关键要"迷途知返"，一旦发现那条路不适合自己就即刻转身到自己适合的领域求得发展。只有舍弃曾经失败的经历，才能重新开始创造新的未来。

第四节 李渊
——适时低头得天下

唐高祖李渊，唐朝代开国皇帝，字叔德，陇西成纪（今甘肃静宁）人，祖籍赵郡隆庆（今邢台市隆尧县）。隋炀帝即位后，李渊任荥阳（今河南郑州）、楼烦（今山西静乐）二郡太守。后被召为殿内少监，迁卫尉少卿。公元 615 年，拜山西河东慰抚大使。公元 617 年，拜太原留守。当时，隋末农民起义遍布全国。李渊自知无力镇压农民起义，又深晓炀帝猜忌嗜杀，政局动乱，难于自保，便与次子李世民起事，并从河东（今山西永济西）召回长子李建成和四子李元吉。李渊后来起兵，建立唐朝。

要懂得适时低头

历史上隋炀帝杨广十分残暴凶戾，在他的压迫下，各地农民起义风起云涌，隋朝的许多官员也纷纷倒戈，转向农民起义军。因此，隋炀帝的疑心很重，对朝中大臣，尤其是外藩重臣，更是易起疑心。

唐国公李渊曾多次担任中央和地方官，他所到之处，都有目的地结纳当地的英雄豪杰，多方树立恩德，因而声望很高，许多人都来归附他。这样，大家都替他担心，怕他遭到隋炀帝的猜忌。正在这时，隋炀帝下诏让李渊到他的行宫去晋见。

李渊因病未能前往，隋炀帝很不高兴，对李渊多少存了点猜疑之心。

当时，李渊的外甥女王氏是隋炀帝的妃子，隋炀帝向她问起李渊未来朝见的原因，王氏回答说是因为病了，隋炀帝又问道："会死吗？"

王氏把这消息传给了李渊，李渊更加谨慎起来，他知道隋炀帝已经对自己起疑心了，但过早起事又力量不足，只好低头隐忍，等待时机。于是，他故意广纳贿赂，败坏自己的名声，整天沉湎于声色犬马之中，而且大肆张扬……隋炀帝听到这些，果然放松了对他的警惕。如此李渊才得以保全性命，最终有了可以君临天下的机会。

试想，如果当初李渊不主动低头，很可能就被正猜疑他的隋炀帝杨广除掉了，哪里还会有后来的太原起兵和大唐帝国的建立？

现实生活中，我们的头上不光是蓝天高挂，有时也逃不过"屋檐"的遮盖。所谓的"屋檐"，是指别人的势力范围，并且是你求得生存必须依靠的势力。这"屋檐"有的很高，可以让你昂首站立，但是这样的屋檐太少，绝大部分的"屋檐"都是低矮的，使你无法挺胸抬头。

俗话说："人在屋檐下，不得不低头"，理性、策略的低头，是一种对客观环境的理性认知，没有丝毫的勉强，是"该低头时就低头"。这个"该"字，使你的低头，并未丢掉你的尊严、人格和做人的原则，起码不该低头的时候你压根就没有低头。退一步海阔天空，懂得适时退步低头，方显大度宽容。

该低头时就低头

"该低头时就低头"，是一种自我保护的生存策略，就像韩信，丝毫没有因低了头而掩隐他的光亮。"该低头时就低头"，是知晓了这个现实世界里充斥着辩证的法则所采取的生存技巧，中国人向来提倡"以忍为上""吃亏是福"这种玄妙的处世哲学。"该低头时就低头"，是识时务者认清了现实社会而积极适应的生存谋略，这个谋略的运用，使得他们可以纵横驰骋如入无人之境，冲锋陷阵而无坚不摧。

"低头"的目的，是为了让自己与当时的环境有和谐的关系，把二者的摩擦降至最小；是为了保存自己的能量，以便走更长远的路；更是为了把不利的环境转化成对自己有利的力量。这是一种柔软，是一种变通，更是最高明的生存智慧。

低头是一种能力，它不是自满，也不是怯弱，它是清醒中的嬗变。有时，略微低一下头，生活会更精彩。学会低头，就学会了审时度势，牺牲小局，着眼全局，忍小气而谋大事；学会低头，就能顺利跨越生活中意想不到的低矮"门框"，而免受无谓的伤害。

一个人固然要有做人的准则，但一味方正，不会圆通，该低头时做不到放下身段，自然也不能进退自如，易陷入被动。有硬度却没有弹性和韧性的钢材称不上好钢；负重前行的车轮即便是圆形，没有润滑剂也举步维艰。为人处世若过于直来直去，棱角分明，一味强撑，会给自己带来不必要的伤害甚至牺牲。低头不是妥协，而是战胜困难的一种理智的忍让；低头也不是被击垮，而是为了能站得更好更坚定。

有人问苏格拉底："你是天底下最有学问的人，那么你说天与地之间的距离是多少？"苏格拉底毫不迟疑地说："三尺！"那人不以为然："我们每个人都五尺高，天与地之间只有三尺，那不是戳破苍穹吗？"苏格拉底笑着说："所以，凡是高度超过三尺的人，要长立于天地之间，就要懂得低头弯腰。"

低头之后的韬光养晦、扬长避短就必然为他将来的成功奠下根基。相反，一个人若不懂得适时低头，凡事争强好胜，总以自我为中心，希望全世界都主动为他的目标让路，最终可能会离成功越来越远。

记住低头，就是要记住不论你的资质、能力如何，在社会中，你无疑是渺小的，要在生活中保持低姿态，就得把自己看轻些，把奋斗的目标看重些。富兰克林从中领悟到了深刻的道理，并把它列入自己的生活准则之中，最后终于成就了一番伟业。

联想到现实生活，无论是工作还是学习，无论是出于谦虚的品格还是收敛锋芒的权宜之计，懂得适时低头才是最聪明的选择。

第五节　曹操
——当退则退谋发展

曹操，字孟德，公元 155 年生，沛国谯县（安徽亳州）人。年轻时期的曹操机智聪敏，有随机权衡应变的能力，但任性好侠、放荡不羁，不修品行，不研究学业，所以社会上很少有人认为他有什么特别的才能，只有梁国的桥玄等人认为他不平凡，桥玄对曹操说："天下将乱，非命世之才不能济也，能安之者，其在君乎！"最终曹操构筑了整个魏国基础。

曹操忍得家仇建大业

三国时，曹操历经艰险，在平定了青州黄巾军后，实力增加，声势大振，有了一块稳定的根据地，于是他派人去接自己的父亲曹嵩。曹嵩带着一家老小40余人途经徐州时，徐州太守陶谦出于一片好心，同时也想借此机会结纳曹操，便亲自出境迎接曹嵩一家，并大设宴席热情招待，连续两日。还要派兵500人护送曹嵩一家。这样一来，好心却办了坏事。护送的这批人原本是黄巾余党，他们只是勉强归顺了陶谦，而陶谦并未给他们任何好处。如今他们看见曹家装载财宝的车辆无数，便起了歹心，半夜杀了曹嵩一家，抢光了所有财产跑掉了。曹操听说之后，咬牙切齿道："陶谦放纵士兵杀死我父亲，此仇不共戴天！我要尽起大军，洗劫徐州。"

将曹操的遭遇与刘备的情况进行比较，不难看出，刘备死了一个义弟关羽，曹操却死了一家老小40余人，曹操的恨应该更大、更强烈。然而，当曹操率军攻打徐州报仇雪恨之时，情况发生了变化，吕布率兵攻破了兖州，占领了濮阳。怎么办？这边大仇未报，那边情况又发生了变化。如果曹操被复仇的心态所左右，那么，他一定看不出事情的发展趋势，也察觉不出情况的危急，就同刘备伐吴一样。

但曹操毕竟是曹操，他是一个十分冷静沉着的人，也是一个非常会控制自己心态的人。正因如此，他立刻便分析出了情况的严重性，他说："兖州失去了，这就等于让我们没有了归路，不可不早做打算。"于是，曹操便放弃了复仇的计划，拔寨退兵，去收复兖州了。

曹操的这个决定正确吗？当然正确。因为，这个决定没有受他复仇心态的任何影响，完全建立在他冷静的心态之上。因此，曹操才能够摆脱这次危机，保住了自己的地盘和势力。

感情常常左右人们的理智，使人们对复杂多变的形势做出错误的分析和判断。所以在做选择时，要理智分析，正所谓"识时务者为俊杰。"

忍常人不能忍之辱，吃常人不能吃之苦，必能做常人不能做的事，因为忍中蕴涵着无限的力量和机会。中国历史上的许多成名人物都是靠忍字而成大业的。可以毫不夸张地说，忍学是世界上成功的企业家、政治家、军事家、外交家、科学家的必修之课。

关于曹操的忍，还有一些事情。如：

曹操见过许劭，开口便问："我何如人？"意思是我和别人比怎样？你看我是一个什么样的人？许劭对曹操也不算陌生，很蔑视他的为人，并不搭理他，一言不发。曹操见许劭如此，不但一点也不难为情，反而紧逼许劭，必要他评论自己一番，否则就不离去，弄得许劭哭笑不得，乃顺口说道："子，治世之能臣，乱世之奸雄。"

许劭虽不齿其为人，但亦深知此子后必有为，只见如此厚脸皮，知难不退这一点便非常人可比，曹操闻言，方心满意足而去。

青年时代的曹操由于十分攻于政治经营，因而，在朝中已是很有名气了。而且评价他的人中尚有比他年龄大得多的人，这评价对曹操的自信心形成、后来的出仕都有很大的帮助。

但许多人并不买他的账，比如宗世林。宗世林十分看不起曹操，但比许劭做得还绝。曹操在即将出仕之前去拜访宗士林。一进屋，见高朋满座，自己排不上辈，而宗世林又不搭理他，自己想说话又找不着机会，便退到门外等候。正赶上宗世林送客出来，曹操上前便拉住他的手，说要和他结为朋友，没想到宗世林竟把手抽回来，转身进入内室而不理曹操。这让曹操实在太没面子，但曹操并不为此而感到有什么耻辱。这也是曹操的一大长处。

忍才能成大器——只要你在做人的准则中牢记住忍这一条，你定能成大器。越王勾践卧薪尝胆，甚至以一国之君的身份为人做马夫，终于赢得了后来的"三千越甲可吞吴"的大业。汉朝时的韩信，若不是能忍得住那"胯下之辱"，怎能从一个贫穷潦倒之人一跃而成淮阴侯。可见，学会忍，也是成就大业必备的条件。

时机未到，养精蓄锐

曹操少时机警过人，通权谋机变，又以侠义自任，行为放荡不羁，不规规矩矩地谋生做事，因此世人都认为曹操并没什么奇特之处。只有梁国的桥玄和南阳的何颙，认为曹操是非常之人。桥玄曾对曹操说："天下将乱，非命世之才不能济也，能安之者，其在君乎！"可见桥玄对曹操抱有很高的期望。

当时曹操还默默无闻，桥玄建议曹操去结交当时的名士许劭，以提高名望。于是曹操就去拜访许劭，结果被许劭接纳，曹操才逐渐知名。相传有一天曹操问起自己"是个什么样的人物"，许劭便说："子治世之能臣，乱世之奸雄也。"据说曹操听了之后，仰天大笑。

曹操早年就表现出对武艺的爱好。他身手矫健，曾经偷偷潜入中常侍张让家，被张让发觉后，能够手舞着戟越墙逃出，全身而退。同时曹操博览群书，尤其喜欢兵法，曾抄录古代诸家兵法韬略，还有注释《孙子兵法》的著作传世。这些活动为他后来的军事生涯打下了基础。

公元174年，曹操20岁，通过察举孝廉成为郎官。所谓郎官，名义上是当时朝廷从贵族大臣子弟中选拔出来，担任宫廷宿卫的优秀人才，实际上是学习做官，熟悉朝廷事务和增加阅历，一段时间之后才会依照情形授予正式的官职。因此，稍后曹操被任命为洛阳北部尉。

洛阳北部尉是曹操入仕后的第一个行政职务。曹操上任之后，在官署门口放置了十多根五色棒。上任数月，宦官蹇硕的叔叔违禁夜行，被曹操依律棒杀。这使曹操得罪了宦官集团，可曹操是依法而行，这些人又无法中伤诋毁曹操，只好转而称赞他做得好，举荐他去担任地方官。

公元177年，曹操被任命为顿丘令，第二年，即光和元年，曹操因堂妹夫濦强侯宋奇被宦官诛杀，受到牵连，被免去官职。曹操被免官后，在洛阳无事可做，便回到家乡谯县闲居下来。

公元180年，曹操又被朝廷征召，任命为议郎，所谓议郎其工作大约和如今的调研员类似。此前，大将军窦武、太傅陈蕃谋划诛杀宦官，不料其事未济反为阉党所害。曹操上书陈述窦武等人为官正直而遭陷害，致使奸邪之徒满朝，而忠良之人却得不到重用的情形，言辞恳切，但没有被汉灵帝采纳。尔后，曹操又多次上书进谏，虽偶有成效，但东汉朝政日益腐败，曹操知道无法匡正。于是他养精蓄锐，意图取而代之。

在当时的社会背景下，曹操位极人臣时不能公开反抗，所以他才忍待时机，最后终于建立曹魏政权。可见，我们讲一个忍字，并不是说内心怯懦，真正的忍是以退为进的手段。那些只是一味地退让，而不考虑自己真正的目标、不思进取的人，忍来忍去反而会让他心生怯懦。忍能保身，忍能成大事，忍是大智、大勇，真的英雄何必气短，当忍则忍，方为不败！

第六节　哈里逊
——在 5 美分和 1 美元之间取舍

威廉·哈里逊是美国第九任总统。他于 1791 年－1798 年在军队服役，获上尉军衔。1798 年被任命为西北地区的部长，第二年当选为这一地区的第一位国会议员。1798 年－1812 年任印第安纳领地总督。1812 年战争爆发后，曾被授予美国陆军少将，在泰晤士河战役中击败英军和印第安人的联合部队。此后辞去军职，先后任俄亥俄州众议员、参议员。1828 年－1829 年，任美国驻哥伦比亚公使。1840 年，哈里逊在大选中战胜民主党的范布伦，但在 1841 年 3 月 4 日宣誓就职后几星期，就因患感冒转为肺炎，于 4 月 4 日逝世。他是美国第一个在任职期间逝世的总统。

哈里逊不愿"因大失小"

多数人都想占便宜，很少有愿意吃亏，而在实际生活中我们不可能永远处于得利的位置，总会碰到吃亏的时候。正所谓"吃一堑长一智"，有时候吃亏未必是坏事，如果你不小心受了骗，损失了一些钱财，但从此以后你提高了警惕，往往避免了更大的损失。有时候吃亏其实就是一种福，甚至能换来更多的收获。

美国第九届总统威廉·哈里逊自小家境贫困，平时沉默寡言的他被家乡很多人视为"傻孩子"。有一次一个人故意开玩笑地戏弄哈里逊，拿出5美分、1美元的硬币让他挑选，哈里逊端详了半天后选择了5美分的硬币，这让在场所有的人都大笑不已，于是哈里逊是个傻孩子的消息不胫而走。此后，凡是遇到哈里逊的人便会故意拿出5美分和1美元的硬币来"验证"哈里逊的愚蠢。

后来，一位好奇的老太太禁不住问道："孩子，难道你真的分不清哪个硬币更值钱吗，为什么每次都偏偏要选5美分的？"哈里逊笑着说："我当然知道1美元的硬币更值钱了，可如果我每次都拿1美元，那以后还有谁愿意拿出硬币来让我这个'傻子'挑呢？那样的话我连5美分都得不到了。"

就这样，哈里逊积少成多，攒了一笔数目相当可观的钱财。

生活中吃亏的方式主要有两种，一种是主动的吃亏，一种是被动的吃亏。像哈里逊一样愿意主动吃亏的一般都是聪明人，他们明白吃小亏占大便宜的道理，而更多的人则是不愿意去做困难的事、报酬少的事，因为这没有便宜可占。

被动的吃亏一般是指我们在事先没有得到任何通知的情况下突然被安排去加班或是做工作之外的一些事情，遇到这种情况多数人心里必定会很不情愿。其实，我们最好还是心平气和地接下领导安排的工作，并用"吃亏是福"的道理安慰自己，无论是在工作或是学习的过程中，我们不可能永远按部就班地做下去，难免有起些波澜、遭遇坎坷的时候，但是从哪里跌倒就从哪里爬起来，然后继续自己的路程。生活中不经意间吃了些亏实属正常，大可不必为之伤神不已。

随着岁月的流逝，人的一生似乎都是在选择之中度过的，总在与自己的力量不相称的目标中，欲求更多的东西。人们总是提醒自己鱼和熊掌不能兼得，可是人们的欲望和贪婪是没有满足的时候。人们总是在取与舍面前，更多的是选择取，很少有人能真正地放下欲望的贪婪，舍去不现实的一切。

主动吃亏未必是坏事

有一个经营钢材的老板，没文化也没背景，但生意却出奇的好，而且历经多年长盛不衰。说起来他的秘诀也很简单，就是他乐于吃亏，善于合作，讲究双赢。

在与每个合作者分利的时候，他都只拿小头，把大头让给对方。如此一来，凡是与他合作过的人，都愿意与他继续合作，而且还会介绍一些朋友与他合作，再扩大到朋友的朋友，也都成为他的客户。

人人都说他好，因为他只拿小头。但所有的小头集中起来，就成了最大的大头，他顺理成章地成了这个圈子里最大的赢家。

人，都有趋利的本性，你吃点"傻"亏，让别人得利，就能最大限度调动别人的积极性，促进你的事业兴旺发达。杰出商人的精明正体现于此。

就连一点资金也没有的打工者也可以通过"乐于吃亏"获得成功。

吴昊在一家私企工作。他最初是一名再普通不过的装配工，技术含量低，薪水自然不高。他做梦都想调到有技术含量的模具部去。

于是，每天做完本职工作后，他就主动跑到模具部义务帮师傅们打下手，哪怕是扫地拖地，他也干得颇为认真。师傅们听说他是免费来这里帮忙做事的，也就乐意教他做一些很简单的工序。彼此都混熟后，吴昊对模具制作过程中不懂的问题就请教师傅，师傅也乐意教他，这样日积月累，模具部复杂的工序他也掌握得八九不离十了。

　　吴昊白干活不拿工资的"傻"事传到了老板耳中，老板对他多了几分注意，经过观察，老板认为这个小伙子会有出息。后来吴昊果真就被调到了模具部。算算时间，吴昊进厂不足 1 年，工资却翻了 3 倍还多。

　　乐于吃亏，可谓一种经营术，当事人必须具有较高的心理素质，不在乎最初的吃亏，最初的"亏"事实上不是亏，笑到最后才能证明你的聪明。

　　人们总会得陇望蜀，过分地迷恋或贪欲那物欲横流的东西，不断地往自己的行囊中增加无穷无尽的身外之物，也不管是必需的还是无须的，是有益的还是有害的，是属于自己的还是属于别人的，只为了满足自己的贪欲而不择手段地占有，在利欲面前早就忘记了有失必有得，有得必有失。其实，我们的人生是否幸福，关键是看一个人是否知道取舍，欲望太多，会成为一生的累赘。

　　人的一生是短暂的，在历史的长河里如白驹过隙。在这瞬间的人生里，美好的东西实在多得数不过来，我们总是希望得到的太多，尽可能多的东西为自己所拥有。有人说："人生是一个不断放弃的过程，要有所取舍，有所得失。过分地索取、贪婪会让我们不得不发出疲惫的呻吟，要知道背囊里的东西越多、越重，最终会使你累倒在地。"

　　但现实生活中，能够主动吃亏的人实在太少，这并不仅仅因为人性的弱点，很难拒绝摆在面前本来就该属于你的那一份，也不仅仅因为大多数人缺乏高瞻远瞩的战略眼光，而是大家很难风轻云淡地看待得失，不能舍眼前小利而争取长远大利。

　　看淡一切，不是不求进取，不是无所作为，不是没有追求，而是以一颗纯美的心对待生活，失去也许是无奈的，而得到可能就得益于失去。失去未必不好，有时候失去小的，或许意味着得到更珍贵的。

第 4 章

计谋人生：智而好谋者胜

中国古代行军打仗、改朝换代无不依托领军人物的智慧和谋略，从《孙子兵法》等兵书的内容就可见古人对智谋的重视。智慧与谋略，既是同义语，又不完全等同。智慧，一般是说对事物具有认识、辨析、处理和发明创造的能力；谋略，则是指有智慧的人对事物做出的认识谋划，或应对策略。智与谋相辅相依才能最终取得胜利。

第一节　毕再遇
——巧用金蝉脱壳之计

毕再遇，字德卿，兖州人。父毕进为岳飞部将。再遇"姿貌雄杰"，"武艺绝人，挽弓至二石七斗，背挽一石八斗，步射二石，马射一石五斗"。他以父荫入侍卫马司，"以拳力闻"，曾经受到宋孝宗召见，被赐战袍、金钱。然而，当时南北议和，英雄无用武之地，再加上性格慷慨激愤，不适应官场生活，到开禧北伐的时候已经年近六十，论官阶不过小小武节郎，论官职不过下级军官。

精于谋略，金蝉脱壳

公元 1206 年，宋宁宗开禧二年，毕再遇率兵与金兵对垒，大战了好久，仍没有胜负。那时金兵援军突然赶到，看来兵力十倍于宋军，若强战一定会失败，于是毕再遇决定退兵。然而在强敌面前，如果公开退兵，一定会遭受敌人的追杀，那时候必定伤亡惨重。于是毕再遇秘密安排起来。

首先他秘密传令三军，做了 3 天的干粮，让士兵们带在身上，但是兵营的营帐和旗帜等一律原地不动。他又让手下找来几只活羊，然后将这几只羊后腿吊起，前腿放在更鼓上，吊缚好。

三更时分，毕再遇传令，马勒嚼链，兵士衔枚，摸黑悄然集合，就这样趁夜黑士兵陆续向南方悄悄撤退。

据说金兵主帅早就恨透了毕再遇，适逢这次逮着了机会，准备困住毕再遇，然后活捉他。于是金兵主帅传令附近的兵马前来增援，他打算大军一到，让他们稍作休息和调整，第二天一早就发兵攻击毕再遇。然而这个金兵主帅知道毕再遇是一位智谋超群的将领，目前的形势对宋军不利，估计毕再遇会设法撤退。于是，主帅下令派出多路哨兵，牢牢盯住宋军的兵营，一旦有任何迹象，就马上向他报告，可以立刻挥师杀过去，金军主帅并严令那些哨兵盯仔细，贻误军机者军法处置。

只见哨兵们一接到命令，个个赶忙找好盯梢的位置，原地待命。只是宋军的今夜和往常没什么两样，入夜熄火即睡，旗帜依旧，并不断传来"咚咚"的更鼓声。

更鼓响了一夜，天明哨兵远望宋营旗帜仍在，因此没有一个哨兵去报告。于是，金兵主帅传令三军，准备吃饱饭后全线攻击，确保一举歼灭宋兵，同时活捉毕再遇。

饭后，金兵主帅上了高坡，向宋营张望，宋营中始终不见人影，却见一些乌鸦落在营帐上。金兵主帅赶忙命令手下进一步观察，原来，宋兵早已人去营空。

原来毕再遇在退兵前，之所以让手下放开几只羊前腿，是因为羊被吊疼了，就会四蹄不断挣扎，前腿蹬得更鼓"咚咚"直响。这些羊蹬一阵子，蹬累了，便停下来休息一会儿。过一会儿，羊有劲了就又开始挣扎，于是更鼓就又响起来。远远听了，还真是和兵营的人打更无异。

金兵知道宋军早已悄然撤离，只留下了一座带有旗帜的空营，只得望着宋军的空营直瞪眼。

毕再遇知形势与宋军不利，如若硬拼，一定是损失惨重，于是他采用三十六计的"金蝉脱壳"之计，巧妙地利用几只羊为他们掩护，以此扰乱金兵的视线，从而悄然撤退，这就是用兵之道。

"金蝉脱壳"计是在处于劣势的情况下，以假象迷惑对方，实现安全撤离的谋略。人们在观察和思考问题的时候，通常会直观地注意那些异乎寻常的迹象，而忽视原封不动的表象背后所发生的变化。"金蝉脱壳"就是利用这一思维定式，以貌似原形的假象麻痹对方的判断，掩护自己全身而退。所以，当我们在某些场合碰到难题时，不妨来个"金蝉脱壳"。

在日常的生活和工作中，人际关系不可避免地会发生矛盾，甚至有时候还会吵得不可开交。这个时候适当地避其锋芒，也许就会化解一场风波。适时地回避一下，暂避锋芒，使对方冷静下来之后，自己再作解释或是检讨，无疑比针锋相对大闹一场要好得多。

由此可见，当你与别人无谓地争吵时，可以采用"金蝉脱壳"；当你在遭受辱骂、打击而无力还击时，不妨采用"金蝉脱壳"……

出其不意，攻其不备

1206 年，朝廷下诏北伐，由殿帅郭倪招抚山东、京东，派毕再遇和统制陈孝庆攻取泗州。

毕再遇请求选新招的敢死军为前锋，郭倪给他 87 人。招抚司限定进兵的日期，金人听说后，关闭了榷场，阻塞泗州城门防备。毕再遇说："敌人已经知道我们进兵的日期了，兵以奇取胜，应该早一天进兵出其不意。"陈孝庆同意了。毕再遇用酒食招待士卒，并且慷慨陈词地激励他们，接着进兵逼近泗州。

泗州有东西两城，毕再遇下令把战旗、舟楫排列在石下。大军先攻打西城，毕再遇亲率部下从陡山直奔东城南角，先登上城墙，杀死数百敌人，金兵大败，守城的人打开北门逃走。西城仍在坚守，毕再遇打出大将旗，大声喊道："大宋毕将军在此，你们是中原遗民，可速来归降。"不久淮平知县献城投降，于是泗州两城都被宋军占领。

　　郭倪来犒劳将士，拿出御宝刺史牙牌授予毕再遇，毕再遇推辞说："国家在黄河以南有81州，现在夺回泗州两城就得到一个刺史的官职，以后还用什么来赏赐呢？况且招抚能得到朝廷几个牙牌前来？"他坚决推辞不接受，不久被任命为环卫官。

　　郭倪调李汝翼、郭倬攻取宿州，又派陈孝庆等接应他们；命令毕再遇率480名骑兵为先锋攻取徐州。毕再遇到虹县，遇到郭倬、李汝翼的兵卒带伤而回，就问他们怎么回事，他们说："宿州城下是大水，我军失利，统制田俊迈已被敌人擒获了。"

　　毕再遇督军疾驰，驻扎在灵璧，遇到陈孝庆在凤凰山驻兵，陈孝庆将率军撤退，毕再遇说："宿州虽然没被攻取，但兵家胜负不定，怎能自己挫伤自己！我奉招抚的命令攻取徐州，借道到此，我宁死在灵璧的北门外，不死在灵璧的南门外。"恰好郭倪给陈孝庆送来书信，命令他率军回来，毕再遇说："郭倬、李汝翼军队溃败，敌人一定会尾追而来，我应该自己抵御敌人。"

　　金人果然派5000多骑兵分两路追来，毕再遇令敢死军20人守灵璧北门，自己率兵冲入敌阵。金人看见他的将旗，大喊"毕将军来了"，就打算逃跑。毕再遇手挥双刀，渡水追击，杀死很多敌人，他的铠甲和衣服都被染红了，追击敌人30里。

　　宋军从灵璧出发，毕再遇独自留下没动，他估计宋军已走出20多里，就火烧灵璧城。众将问："晚上不烧，现在烧，为什么？"毕再遇说："晚上点火能照见我们的虚实，白天的烟尘可挡住敌人的视线，敌人已经失败不敢逼近我们，宋军才可以安心行军，没有担忧。你们怎么知道兵易进而难退的道理呢？"

　　毕再遇回到泗州，因军功第一，从武节郎提升为武功大夫，被任命为左骁卫将军。这时丘宗山代替邓友龙为宣抚使，传檄文让郭倪回维扬，不久丢弃泗州。命令毕再遇回盱眙，并任盱眙军知军，不久改为镇江中军统制，仍任盱眙军知军。他因为凤凰山的功劳，被授予达州刺史。

毕再遇有勇有谋，真可谓是大宋的一员猛将。宋周密《武林旧事》记："西溪路毕宫师墓，毕再遇父子皆葬于此。"毕再遇和他的父亲毕进都葬在了杭州。他们得与西湖边的岳飞墓相互辉映，千古忠烈，一代名将，真是可以为湖山增色而且永垂不朽了。

战场上如此，在商场和日常生活中也一样，头脑、谋略比"匹夫之勇"重要得多。而我们，一定要努力做一个生活的智者，规划我们的人生。

第二节　蔺相如
——棋走险招获成功

蔺相如，战国时赵国上卿，今山西柳林孟门人，一说山西古县蔺子坪人，赵国宦官令缪贤的家臣，战国时期著名的政治家、外交家。根据《史记·廉颇蔺相如列传》所载，他的生平最重要的事迹有完璧归赵、渑池之会与负荆请罪这三个事件。

蔺相如棋走险招获成功

公元前 279 年，秦昭王约请赵王在渑池相会。赵王怕被秦王扣留，不敢去，可大臣廉颇、蔺相如都认为如果不去，便是屈服于秦国。于是廉颇辅佐太子留守赵国。平原君率领几万人在渑池附近策应，大将李牧率五千精兵跟随赵王和蔺相如前往渑池。

到了渑池，见到秦王，双方行过礼，便在筵席上叙谈，秦王对赵王说："我听说你喜欢弹瑟，我这里有瑟，就请你弹一支曲子助助兴吧！"赵王不敢推辞，只好弹了一曲。这时，秦国的史官走了过来，在简上写出：某年某月某日，秦王和赵王在渑池宴会，秦王命赵王弹瑟。

蔺相如见此不悦，上前对秦王说："赵王听说秦王擅长击缶（瓦盆），我这里有个缶，请你敲敲缶让大家高兴高兴。"秦王听了勃然大怒，不肯答应。蔺相如又端起缶走过去，献给秦王，秦王还是不肯敲。蔺相如就说："现在我离大王只有5步，如果大王不答应，我拼着一死，也要溅你一身血。"意思是要和秦王拼命。

秦王的侍卫看到秦王受到胁迫，慌忙拔出刀来，要杀蔺相如。蔺相如瞪着双眼，大喝一声，吓得侍卫连连后退，秦王心里很不高兴，也只好勉强在缶上敲了几下。蔺相如回头叫来赵国的史官，也把这件事情记下来：某年某月某日，赵王和秦王在渑池宴会，赵王命秦王敲缶助兴。

秦国的大臣们见秦王没有占便宜，就说："请赵王献出15座城池为秦王献礼！"蔺相如也不示弱，说："请秦王拿咸阳为赵王献礼！"

秦王看到蔺相如寸步不让，又得知赵国的大军就驻扎在附近，自己哪方面也占不到便宜，便喝退了群臣。

一直到酒宴结束，蔺相如为了维护国家的尊严，机智勇敢地同秦国君臣进行了不屈不挠的斗争，挫败了秦国的图谋。秦国也知道廉颇率领大军驻扎在边境上，使用武力也得不到好处，便只好恭送赵国君臣回国。

此后，秦、赵间暂时停止了战争。

蔺相如充分运用了他的机智，分析对方的心理，把双方的利弊看得清楚，然后自己冒着最大的危险，甚至以与敌人同归于尽的态度，棋走险招。渑池之会，蔺相如成功地维护了自己和国家的尊严，并且成功地平息了秦王攻打赵国的念头。

就好像两个人下棋一样，黑白棋子相争，决一胜负。当一方处于劣势，形势危急之时，不得不放出"胜负手"。所谓"胜负手"就是在对方棋子较厚之处，强行打入，冒险攻击。只要步调不乱，攻其弱点，或利用己方的死子，往往能打乱对方阵脚，把对方空地据为己有，一举扭转败局，转危为安，反败为胜。蔺相如就很好地把握住了这一点。

负荆请罪，友谊长存

战国时，赵国的赵惠文王因为蔺相如在完璧归赵和渑池之会两件事上立了大功，便封蔺相如为上卿。这样，蔺相如的地位就在身经百战的老将廉颇之上了。廉颇对此很不服气，他觉得自己出生入死，为赵国立下了汗马功劳，而蔺相如只不过凭着一张嘴，地位就超过了自己。于是，他愤愤不平地对人扬言说："如果我再遇上蔺相如，一定要当面羞辱他一番。"

有人把廉颇的话传给蔺相如。蔺相如以大局为重，尽量避免与廉颇碰面。有一次，蔺相如和一些手下人一起外出，远远看间廉颇的车马过来，就赶紧命车夫把车子赶开，以躲避廉颇。后来又遇到到廉颇几次，他都是这样做的。对此，廉颇感到很得意，而蔺相如的手下人却对蔺相如很不满。他们觉得蔺相如害怕廉颇，跟这样的主人在一起太窝囊，便纷纷找蔺相如发牢骚，并向其请辞。

蔺相如对他们说："你们看，是廉颇厉害还是秦王厉害？"手下人回答说："自然是秦王厉害了。"蔺相如说："既然是秦王厉害，那么，我敢当面斥责他，这难道不是有胆量的表现吗？我怎么会害怕廉颇呢？我之所以采取回避廉颇的做法，是出于这样的考虑：强大的秦国之所以不敢来侵犯赵国，就是因为有我二人在。如果我们二人互相争斗，必然两败俱伤，给秦国以可乘之机，我回避廉颇，是以国家利益为重。"

不久，蔺相如的话也传到了廉颇的耳朵里。廉颇被蔺相如的高风亮节所感动，觉得自己的做法太过分，太丢人，到蔺相如的府上去请罪。蔺相如见廉颇能屈尊前来，连忙迎接，二人在推心置腹地交谈了一番后，结成了生死之交。

负荆请罪的故事广为流传，它体现了蔺相如宽容待人的态度。谈判争锋在人人之间都可能发生，它是解决利益冲突、分配与协调的重要方式，双方此刻的这种较量，最后必显出利益所得的多寡。因此，你不可不尽心练就这样一身本领。蔺相如能够赢得廉颇的友谊，完全是由于他有一颗爱国之心和以大局为重的思想。这段忍辱顾全大局的故事，成为流传百世的佳话。

第三节　亚历山大
——独特思维巧解结

亚历山大大帝，古代马其顿国王，亚历山大帝国皇帝，世界古代史上著名的军事家和政治家。他在担任马其顿国王的短短13年中，东征西讨，先是确立了其在全希腊的统治地位，后又灭亡了波斯帝国。

亚历山大大帝在横跨欧、亚的辽阔土地上，建立起了一个西起希腊、马其顿，东到印度河流域的以巴比伦为首都的庞大帝国，创下了前无古人的辉煌业绩，促进了东西方文化的交流和经济的发展，对人类社会的发展产生了重大的影响。

打破固有思想

古希腊的弗吉尼亚国的国王戈迪亚斯，用非常精妙的方式，在他的一个战车的轭上打了一串结。并且他预言：如果谁能解开这个结，那么这个人就可以征服亚洲，成为真正的亚细亚王。然而直到公元前334年，仍然还没有一个人能成功地打开这个"哥顿神结"。

公元前333年，亚历山大率领军队进入亚洲的一个城市扎营避寒。他听说了这个预言，便满怀信心地驱马前去解结。可是，他尝试了几个星期都无法找到结的两端，但他又不甘罢休。亚历山大思来想去，突然顿悟："我何不自己制定一个解结的规则呢？"于是，亚历山大利剑出鞘，他将"哥顿神结"砍成两半，结被彻底"解"开了。后来，亚历山大果然一举占领了比希腊大50倍的波斯帝国，实现了戈迪亚斯的预言。

这是一个神奇的故事，亚历山大面对神秘的"哥顿神结"茫然无头绪，百思不得其解，最终灵机一动，一剑斩断"哥顿神结"。亚历山大不被习惯思维束缚，大胆地摒弃了常规的、死板的传统规则，他采用的是独特的思维方式，用"快刀斩乱麻"的行动彻底解开了神结。用现在的话说，是一种不拘泥于常规的套路，是"不按套路出牌"，是一种创造制胜的解法。面对难题，不要墨守成规，而要大胆创新。

或许每个人都知道绳结可以斩断，但真正做到的却只有亚历山大一个人。这就是转换思维、不墨守成规的好处。

亨利·法布尔曾做过一项有趣的研究，他研究的是巡游毛虫。

　　这些毛虫在树上排成长长的队伍前进，有一条带头，其余跟着。法布尔把一组毛虫放在一个大花盆的边上，使它们首尾相接，排成一个圆形。这些毛虫开始动了，像一个长长的游行队伍，没有头，也没有尾。法布尔在毛虫队伍旁边摆了一些食物，如果这些毛虫要想得到食物就要解散队伍，不再一条接一条前进。法布尔预想，毛虫很快会厌倦这种毫无用处的爬行，而转向食物。可是毛虫没有这样做，出于纯粹的本能，毛虫竟沿着花盆边一直以同样的速度走了7天7夜。也许它们一直会走到饿死为止。

　　这些毛虫遵守着它们的本能、习惯、传统、先例、过去的经验，它们很卖力地爬行，但毫无成果。许多办事不成功者就和这些毛虫差不多，他们自以为忙碌就是成就，实则不然。

　　其实成功的标准不是做了多少工作，套用了多少经验，而是有多少成果，没有成果的付出只是徒劳。如果在做事时能够破除陈规俗套的拘泥，博采众家之长，就会走进人生的一个至高境界。

　　"我就不信！"这是一句很有魄力的话，这话是值得鼓励和付诸实践的。因为这是一种挑战复制性意识的思维，这也是一种不服模式、不服规则的创新理念。我们不能只是一味地服从老规矩，也不能只循规蹈矩地做事和做人，而是应该有自己的独立思考的习惯，应该有怀疑的态度，应该有充分的自信，应该有不服传统与规则的反叛精神，只有这样，我们才可能创造出新的奇迹。但是，只会说"我就不相信"这句话还远远不够，还要付诸行动，要像亚历山大那样，不但有始终不渝的信念，而且还要有坚忍不拔的努力。

　　古人云："法无定法"。的确，世界上的事情，原本是非常简单的，纵使百般的跋涉，千般的辛苦才到达终点，却发现原来终点还是起点。不要被原本的思维禁锢，打开思路，抛却原本的模式，创造自己打开"哥顿神结"的方法。

少年英雄，机智过人

据普鲁塔克记载，公元前 344 年，一名色萨利的卖马人带来了一匹价值高达 13 塔伦特的骏马，腓力的所有最优秀的驯马人都试图驯服它，但都失败了。小亚历山大向他的父亲声称，如果他自己能驯服，那么请求他的父亲将这匹马作为礼物送给他。腓力嗤之以鼻，认为他无视应有的对年长者的礼仪，但还是认同了这个赌局。亚历山大首先将马头牵往背向阳光的一边，然后轻轻地抚摸，培养信任感，然后突然上马，骑着马奔向远方。原来亚历山大在那时用他那敏锐的洞察力发现这匹马害怕看见自己的影子，最后他给那马起名为布塞法洛斯。当亚历山大骑着马回来的时候，腓力兴奋地热泪盈眶，他说："我的儿子，找一个适合你的王国吧，马其顿太小了。"

亚历山大的成长受荷马的《伊利亚特》及其中人物阿基里斯和传说人物海格力斯影响很大（他的父母王分别是海格力斯和阿基里斯的后代）。亚历山大的启蒙教育是由他母系的近亲莱昂尼达斯和阿卡纳尼亚人莱西马库斯负责的，前者更为关键，他培养了小亚历山大坚忍和节制的性格，为亚历山大的成长开了个好头。后来为了让亚历山大获得更多学识上的教育，腓力二世聘请了希腊哲学家亚里士多德作他和其他马其顿王国贵族子弟在米埃札的导师。亚里士多德给予他完整的口才和文学训练，并且激发了他对科学、医学和哲学的兴趣。

公元前 340 年，腓力二世着手远征拜占庭，他觉得是时候让亚历山大锻炼一下了，于是他留下 16 岁的亚历山大在马其顿主持国政。亚历山大期间并非无所事事，因为腓力的离开使得马其顿原本不稳定的北部边境出现了密底人的叛乱。亚历山大初次上阵就展现了他聪明的头脑和超强的作战天赋，大败敌人，一直进军到他们的城市，驱散了当地人，重新组织移民，并且将那里重新命名为亚历山大波利斯。公元前339年他又参与了他父亲发起的北方战役，洗劫了出尔反尔的西徐亚人的领地，从中进一步地学习到了相关的军事艺术。

真正的挑战发生在公元前338年，这一年由于腓力在拜占庭受挫，希腊城邦中产生了反马其顿的大叛乱，为此雅典和底比斯两大城邦结成了同盟准备随时对抗腓力。腓力不可能漠视这个行动，于是双方展开了一场决定希腊命运的战役——喀罗尼亚战役。这次战役中亚历山大发挥极其重要的作用，他作为联军的左翼总指挥瞅准时机果断地突入联军的缝隙，全歼了闻名希腊的最强战队底比斯圣队，并且从背后直接打击了敌人，致使马其顿人获得了极为关键的胜利，此年亚历山大才18岁，他的天才却展现无遗。

亚历山大是历史上最富有戏剧性的人物，他的经历和个性一直是力量的源泉。他的志向显然是做一名不受时间、空间限制的最伟大的勇士，似乎也应该赋予他这种称号。

第四节　朱元璋
——运筹帷幄得天下

朱元璋，明王朝的开国皇帝。原名重八，后取名兴宗。汉族，濠州（今安徽凤阳县东）钟离太平乡人。他25岁时参加郭子兴领导的红巾军反抗蒙元暴政，龙凤七年（1361）受封吴国公，十年自称吴王。元至正二十八年（1368），在基本击破各路农民起义军和扫平元的残余势力后，于南京称帝，国号大明，年号洪武，建立了全国统一的封建政权。朱元璋统治时期被称为"洪武之治"。

朱元璋运筹帷幄得天下

1366 年 5 月，陈友谅和张士诚联合一起对在应天的朱元璋进行两面夹攻。在双方正进行一场浴血奋战时，江北形势突然有变。

小明王韩林儿和刘福通派出的三支北伐军队，遭到元军的强烈反击而惨遭挫败。于是小明王退兵安丰，然而张士诚却派大将吕珍围攻安丰，情势十分危急。于是小明王多次派士卒向朱元璋征兵解围。

一次，朱元璋正在召开军事会议，商讨派兵解围的问题，会上大家议论纷纷，众将大都反对派兵给小明王解围，就连军师刘基也坚决不同意派兵。然而朱元璋却力排众议，坚定地对大家说："我自有安排！"他毅然决定派兵去救安丰小明王。

朱元璋为什么愿意冒此风险？因为足智多谋的朱元璋自有他的如意算盘。朱元璋认为安丰是应天的天然屏障，安丰一旦失守，自己的应天也就暴露在陈友谅等人的攻击下，所以他解救安丰就是保住应天。至于小明王，他在红巾军和劳苦群众心中的影响力大，有很强的号召力，可以说是一面旗帜，也是一颗棋子。

朱元璋表面上之所以尊小明王为主，打他的龙凤旗号，主要有两个目的：一是利用小明王的影响，争取人心；另一个目的是，敌方打击的矛头是小明王，这样就可以实现朱元璋自己的谋划。

于是，朱元璋亲自率军北上，杀退了吕珍，同时保住了安丰，小明王从此对朱元璋感激涕零。朱元璋乘胜回师，和陈友谅在鄱阳湖进行了一场激烈的交战，陈友谅兵败身亡。朱元璋获取胜利以后，巧妙地打着小明王的旗帜，被封为吴国公。

也就在安丰战争的胜利后，朱元璋计划把小明王控制在自己手中。他先表示恭敬，把小明王迎到滁州，在滁州先后给小明王建造了巍峨的宫殿，安排了威武的銮驾仪仗、丰厚的食物、华丽的服饰，背地里朱元璋迅速安排亲信，对小明王实行封锁和隔离，甚至把侍奉小明王的宫中人员全部换上自己的部下。从此，小明王的一切，统统在朱元璋的掌握之中。

后来，朱元璋既赢得了江山又赢得人心。

朱元璋能把事业干大，关键在于他把人脉关系放在了第一位。他运筹帷幄，深知靠人脉打天下的重要性。

现实生活中我们要学习朱元璋高瞻远瞩、运筹帷幄和巧用人脉的技巧，都说"朋友多了路好走"。

巧用"卖乖术"笼络人心

当用常规的方法很难奏效的时候，"欲擒故纵"和"欲纵故擒"都是为人处世的高超手段。笼络人心靠的不是金钱，而是智慧。

某公司成立以来，事业可谓蒸蒸日上。但因受国际上恐怖活动的影响，当年的利润却大幅滑落。董事长知道，这不能怪员工，因为大家为公司拼命的情况，丝毫不比往年差，甚至可以说，由于人人意识到经济的不景气，所以都干得比以前更卖力。这也就愈发加重了董事长心头的负担，因为马上要过年，依照往年，年终奖金最少加发3个月的工资，多的时候，甚至再加倍。今年可惨了，算来算去，顶多只能给1个月的工资做奖金。

"这要是让多年来已被惯坏了的员工知道，士气真不知要怎样滑落！"董事长忧心地对总经理说，"许多员工都以为最少加2个月，恐怕飞机票、新家具什么的订好了，只等拿奖金就出去度假或付账单呢！"总经理也愁眉苦脸地说："好像给孩子糖吃，每次都抓一大把，现在突然改成两颗，小孩一定会吵。"

"对了！"董事长突然触动灵机，"你倒使我想起小时候到店里买糖，总喜欢找同一个店员，因为别的店员都先抓一大把，拿去秤，再一颗一颗往回扣。那个比较可爱的店员，则每次都抓不足重量，然后一颗一颗往上加。说实在话，最后拿到的糖没什么差异，但我就是喜欢后者。"突然，董事长有了主意，没过两天，公司突然传来小道消息——"由于经营不佳，年底要裁员，上层正在确定具体的实施方案。"

消息一出，顿时人心惶惶。每个人都在猜会不会是自己。最基层的员工想："一定由下面杀起。"上面的主管则想："我的薪水最高，只怕从我开刀！"但是，不久之后，总经理就宣布："公司虽然艰苦，但大家同乘一条船，再怎么危险，也不愿牺牲共患难的同事，只是年终奖金，绝不可能发了。"

听说不裁员，人人都放下心头上的一块大石头，那种窃喜，早压过了没有年终奖金的失落。眼看新年将至，人人都做了过个穷年的打算，取消了奢华的消费和昂贵的旅游计划。突然，董事长召集由各部门主管参加的紧急会议。看主管们匆匆上楼，员工们面面相觑，心里都有点儿七上八下："难道又变了卦？"是变了卦！没几分钟，主管们纷纷冲进自己的部门，兴奋地高喊着："有了！有了！还是有年终奖金，整整一个月，马上发下来，让大家过个好年！"整个公司大楼，爆发出一片欢呼，连坐在顶楼的董事长，都感觉到了地板的震动。

关心和激励下属并不一定是对下属有求必应，不断提高下属的待遇，它是一种科学地满足别人心理需要的智慧。把他人利益放在明处，将自己的实惠落在暗处，不但会达到自己的目的，而且可以获得对方的感谢。有时候，这也是一种化解矛盾和危机的方法。

第五节　司马懿
——装疯卖傻待夺权

司马懿，字仲达，河内温（今河南温县）人。三国时期魏国杰出的政治家、军事家，西晋王朝的奠基人。他曾任职曹魏的大都督，太尉，太傅，后期成为全权掌控魏国朝政的权臣。司马懿平生最显著的功绩是多次亲率大军成功对抗诸葛亮的北伐。谥号宣文，次子司马昭被封晋王后，追封他为宣王，司马炎称帝后，追尊他为宣皇帝。

司马懿装疯卖傻待夺权

生活中，的确有许多事不能太认真，尤其是个人的名利。该糊涂时糊涂，有时太认真，反而害了自己，伤了别人。顺其自然地糊涂点，不丧失原则和人格；或为了长远利益，受点委屈，也不失为一件乐事。

记得郑板桥曾说过："难得糊涂。"其实有时候糊涂一点，要比耍小聪明好得多。做人不要恃才自傲，不知饶人，如果锋芒太露很容易遭到嫉恨，更容易树敌。适时地"装装傻"，既有效地保护了自己，又能从容地观察形势动态。

有时候，装傻也是迷惑敌人、以退为进的一种有效策略。

魏明帝曹睿死时，太子还年幼，大将军司马懿与曹爽共同辅佐太子执政。曹爽是皇室宗族，自从他掌握大权后，野心勃勃，一直想要独揽大权。但司马懿是三朝元老，德高望重，谋略过人，在朝廷中有相当大的势力，因此，曹爽还不敢轻易公开与司马懿争斗。

而司马懿也想夺权，他早把曹爽的举动看在眼里，记在心上，但表面上装糊涂，后来，干脆称病不上朝。

曹爽虽然一人独揽朝廷大权，可他对司马懿仍然不放心。司马懿虽然自称年老多病，不问朝政，可他处世谨慎，谁知他是真有病还是假有病？当初武帝曹操创业的时候，听说司马懿胸怀韬略，多次派人请他出来为官，可司马懿出身士族，自视高贵，瞧不起出身寒门的曹操，不愿在曹操手下为官，就装病在家。后来见曹操的势力强大了，才出来跟随曹操，为曹操出力。这一次有病，谁知他是不是故技重演呢？因此，曹爽对司马懿不敢掉以轻心，他经常派人打听司马懿的情况，可就是摸不到实情。

河南尹李胜很会讨好曹爽，得到了曹爽的信任，曹爽就把李胜召到京城，任命他为荆州刺史。李胜临上任前，曹爽安排李胜以探望为名，到司马懿府中去探听虚实。李胜见到了体弱多病的司马懿，见他连吃饭穿衣都不能自理了，非常高兴，认为司马懿确实老病无用了，然后匆匆离开了太傅府。

可是，李胜刚出府门，司马懿就从椅子上站了起来，手捋胡须，看着司马昭，父子两人相视而笑。

李胜出了太傅府，直奔曹爽的府中，见到曹爽，高兴地说："司马懿人虽活着，却只有一息尚存，离死不远了，不值得您忧虑了。"曹爽听了，心中大喜，当即把李胜留在府中，饮酒庆祝。从此以后，曹爽根本不把司马懿放在心上了，更加独断专行。

春天到了，按照惯例，曹魏皇帝宗族要去祭扫高平陵。曹芳起驾，曹爽、曹羲等兄弟全部随驾同行，一行人耀武扬威，浩浩荡荡地开出了洛阳城。

在曹爽他们出城不久，司马懿就精神抖擞地带领着司马昭、司马师披挂上马，率领着精锐士兵占领了洛阳各城门与皇宫，把洛阳城四门紧闭，任何人不得随便出入。然后假传皇太后的诏令，废曹爽为平民，并派人把诏令送到了皇帝曹芳那里。

司马懿握有重兵，曹爽又没加以防备，所以只能坐以待毙。司马懿下令把曹爽兄弟及其亲信桓范、何晏等人抓起来砍了头，并灭掉了三族。

其实，在我们的周围，有些人的确很聪明，不过他们也生怕别人不知道他聪明，大家一起交谈时，搭上话就针锋相对，无论别人说什么，他总要加以反驳，事事要占上风，这种聪明其实没什么必要。

最聪明的做法就是表现得谦虚些，尊重别人的想法，随时考虑别人的意见，不要做一个固执的人，而应让人们都觉得你是一个可以亲近、可以信任的人。

韬光养晦，收敛锋芒

做人要聪明，但关键时刻也要会装傻。能聪明做人是再好不过的事了，但真正聪明的人，决不会处处显示自己比别人有能耐，特别是关键时刻，他总会故意装傻、装糊涂，以避免树大招风，麻烦事缠身。

生活中，有很多人都很有实力，但是，我们可以发现，那些有实力的人并不是全部都走向了成功，这是为什么呢？原因就是他们没有在关键时刻隐藏自己的实力。

做人要含蓄，要低调，不要锋芒太露。锋芒除了能证明一个人的价值，同时还容易伤害别人，容易刺激别人的嫉妒心理，从而可能会伤害到自己。老子在《道德经》第九章中也说过："揣而锐之，不可长保。"

韬光养晦，收敛锋芒，隐藏才能，这也是一种自我保护的方法。《三国演义》里"青梅煮酒论英雄"的故事可以说是家喻户晓：

> 刘备起兵之初，寄曹操篱下。曹操将英雄比作龙："龙能大能小，能升能隐；大则兴云吐雾，小则隐介藏形；升则飞腾于宇宙之间，隐则潜伏于波涛之内。"曹操的试探，刘备固然知晓，于是在曹操面前表现出一副无所作为的假象，最终使曹操消除了怀疑。

反以观往，锋芒外露者惹祸招灾又何其多。曾国藩对"藏锋"有过精辟的论述："言多招祸，行多有辱；傲者人之殃，慕者退邪兵；为君藏锋，可以及远；为臣藏锋，可以及大；讷于言，慎于行，乃吉凶安危之关，成败存亡之键也！"

有道是"枪打出头鸟"，"出头的椽子容易烂"。锋芒外露，于交友、处世皆不利。自恃满腹经纶，在人前口若悬河，人们难免将你视为狂妄自大之徒，当面对你"洗耳恭听"，转身却对你嗤之以鼻。在工作中要学会时时谦虚，事事谨滇，才能获得人脉与人缘。

聪明才智之人不足畏，唯沉潜入道、澄心观理者为可畏。

藏而不露，并非不露。易经上说："君子藏器于身，待时而动。"把握好藏与露的分寸，最后才能露出真正的锋芒。正所谓"灵芝与众草为伍，不闻其香而益香，凤凰偕群并飞，不见其高而益高。善藏者，方能立于不败之地！"

就算自己具有相当强大的实力，只要刻意不露锋芒，让自己显得软弱可欺，这样才可以麻痹敌人、骄纵敌人，然后再伺机给敌人以措手不及的打击。

秦朝末年，匈奴内部政权变动，人心不稳。东胡，借机向匈奴勒索，要匈奴献上国宝千里马。匈奴的将领们都说东胡欺人太甚，国宝决不能轻易送给他们。匈奴单于冒顿却决定："给他们吧！不能因为一匹马与邻国失和嘛。"匈奴的将领们都不服气，冒顿却若无其事。东胡见匈奴软弱可欺，竟然向冒顿要一名妻妾。众将见东胡得寸进尺，个个义愤填膺，冒顿却说："给他们吧，不能因为舍不得一个女子与邻国失和嘛！"东胡不费吹灰之力，连连得手，料定匈奴软弱，不堪一击，根本不把匈奴放在眼里。这正是冒顿单于求之不得的。

不久之后，东胡看中了与匈奴交界处的一片茫茫荒原，这荒原属于匈奴的领土。东胡派使臣去匈奴，要匈奴以此地相赠。匈奴众将认为冒顿一再忍让，这荒原又是杳无人烟之地，恐怕只得答应割让了。谁知冒顿此次突然说道："千里荒原，杳无人烟，但也是我匈奴的国土，怎可随便让人？"于是，下令集合部队，进攻东胡。匈奴将士受够了东胡的气，这一下，人人奋勇争先，锐不可当。东胡做梦也没想到那个痴愚的冒顿会突然发兵攻打自己，所以毫无准备，仓促应战。但是，此时他们哪里是匈奴的对手？战争的结局是东胡被灭，东胡王被杀于乱军之中。

韬光养晦，不露锋芒就是一种智慧的表现。不要炫耀自己的聪明才智，巧妙地隐藏自己的实力，这样的人才会是最终的胜利者。

第六节　康熙
——藏而不露擒鳌拜

康熙，清朝第四位皇帝。他 8 周岁登基，14 岁亲政，在位 61 年，是中国历史上在位时间最长的皇帝。他是中国统一的多民族国家的捍卫者，奠定了清朝兴盛的根基，开创出康乾盛世的大局面。

康熙在位期间，逐步恢复经济，清帝国成为当时世界上幅员辽阔、人口众多、经济富庶的帝国。另一方面，康熙是一位英明的君主，他平定三藩，收复台湾，遏制沙俄扩张，亲征准噶尔，开创康乾盛世的宏伟局面。

声东击西出暗箭

对于有所成就的大人物来说，忍辱负重是成就事业必须具备的品质。中国儒家学派代表人物孟子说："天将降大任于斯人也，必先苦其心志，劳其筋骨，饿其体肤，空乏其身。"能在困境中隐藏锋芒，挺过最困难的时期，更是人的一种坚韧品格的体现。小不忍则乱大谋，很多成大事的人都有着"藏而不发"的智慧。

与人对峙的时候，先亮出自己牌的人可能会输掉，不要让别人的关注战胜你的谨慎和小心。你可以采用声东击西的战术，攻其不备、出其不意，取得最终胜利的"奇效"。

清朝时期，14 岁的康熙举行了亲政大典。但是康熙仍然没有掌握实权，真正的大权还在鳌拜手上攥着。随着康熙帝的年岁日益增长，他和鳌拜的矛盾也渐渐激化，终于在苏克萨哈的问题上爆发了出来。

康熙的父亲顺治帝临终前指定苏克萨哈为顾命大臣，此人位高权重，鳌拜觉得他是自己成功路上的绊脚石，一心想要将其铲除。于是，鳌拜就向康熙进谗言说："苏克萨哈心怀鬼胎，想要篡权夺位，臣已经下令把他收押了起来，请皇上下令正法处治。"

康熙虽然对鳌拜不满，但是无奈大权旁落，只能暂时隐忍，一切任凭鳌拜的意见。就这样，鳌拜一手遮天，把苏克萨哈正法了。不仅如此，还诛杀了他的家人。这时，康熙才觉得必须要铲除鳌拜了，但是残酷的现实又摆在眼前：鳌拜不仅大权独揽，而且武艺高强，朝廷上下有很多是他的心腹。如果稍有偏差，恐旧连自己的身家性命都会不保。

经过一夜的深思熟虑，康熙最终设计好了铲除鳌拜的计策。

第二天早朝的时候，康熙不露声色，也不提苏克萨哈的事情，只是给鳌拜加官晋爵，还让他儿子承其福荫。康熙一方面表现出自己的软弱无能，让鳌拜掉以轻心；另一方面，康熙挑选了十几名小太监练习摔跤，自己也参与其中。

鳌拜上朝的时候，看见康熙像个孩子似的跟小太监们扭打在一起，更是放下心来。这样时间一长，小太监的摔跤之术已然练得非常纯熟，而鳌拜对康熙也失去了戒心。

到了康熙八年（公元1669年），时机终于成熟了！待鳌拜进宫时，康熙一个眼神，众侍卫一拥而上，迅速擒住了他，来个五花大绑，然后关入监狱。鳌拜还想反抗，无奈为时已晚。他的一帮亲信随后也全被拿下，包括要臣遏必隆。

康熙对鳌拜说："鳌拜，你欺朕年幼，图谋不轨，滥杀无辜，意图篡位，罪不可恕！你的罪过真是罄竹难书！待朕查清你的所有罪行，一定严惩不贷！"

康熙的成功在于他把自己内心的真实想法掩藏了起来，表面上麻痹鳌拜，暗地里却是实行着自己的计策，然后一击必中，把鳌拜抓了起来。相反，鳌拜却不是一个谨小慎微的人，政治上也是刚猛有余、谋略不足。可以说，正是康熙的步步为营、以退为进，才将鳌拜铲除，最终掌握了朝廷大权。

宠辱不惊，做人先要稳住心气；藏而不露，做事先要隐藏内心。康熙就是典型的"藏而不发""忍中有大谋"。

真正的智者善于保护自己，甚至是把自己所有的光芒全都掩盖起来，以躲避灾祸。人的一生中总会遇到大风大浪，有时候我们应该把自己藏起来，以此保护自己。

养成时刻思考的好习惯

《孙子兵法》记载，兵圣孙武认为为将者应具备智、信、仁、勇、严五个方面的才能，强调将帅不仅要拥有威武之仪，还需要怀揣仁爱之心。唐朝诗人白居易也说："动人心者莫过于情。"情动之后心动，心动之后理顺。仁爱兵卒，仁爱部下，无非也是认为为将者只有动之以情，统一军心，才能达到制胜的目的。智、信、仁、勇、严，无形之中就成了一种最高明的谋略。

康熙皇帝最喜欢微服出巡，探查民情。有一次，康熙带着近臣魏东亭巡视河道，因为他要治理黄河，而康熙本人最讲究科学和实际的考察。在巡视的时候，遇到有人发生争执，这是地方老百姓和地方小官的纠纷，康熙自然走到人群看个究竟。在观看中，康熙得罪了恶人，那恶人自然要打康熙，而康熙堂堂皇帝，哪有受过这种屈辱，眼看恶人正要打来的时候，康熙本想拔出天子宝剑怒斩恶人，但因为微服出巡，没有带配剑。但他突然转头一看，那个魏东亭正在呆头呆脑地望着，不知如何应付这种突发事件。康熙立即扬起手，大力地一掌"啪"的就是一记耳光打向魏东亭，说："主辱臣死，你懂吗？难道要朕亲自动手？"一句说话提醒了魏东亭，魏东亭这才立即出手解围。

当晚，康熙休息的时候，要了一杯茶，又要了一些点心，但不知为什么，总是心神不定，不想吃，也没有兴趣做什么，只好拿来一本书阅读，读了几页又放下。康熙叫在外站岗的魏东亭，说："东亭，你过来。"魏东亭不知有什么事，有点战战兢兢，因为今时不同往日，以前和康熙一同长大，真是两小无猜，但现今皇帝一天天成长，开始有了自己的威严，再加上今天的一巴掌，深深感到自己和康熙已经不能像过去一样是朋友关系了。

当魏东亭走近的时候，康熙说："让我瞧瞧！"康熙一边看他的脸，一边说："朕一向以仁慈对待下属，今日却无端打了你……"

魏东亭听了，突然间感到亲切，从来没有和康熙如此亲近，感到一股暖流涌上心头，他的脸涨红了，连忙下跪，说："主辱臣死，是奴才的过失！"

康熙又说："你有委屈吗？有委屈就哭出来吧！哭了一场就舒服一些！"

魏东亭更紧张地说："不不不……没有委屈！奴才怎会有委屈？"他立即接着说："都是奴才手脚慢，他们正在冒犯皇上，而奴才居然不知如何应付，真是罪该万死……"只见他一边说，一边流下眼泪。康熙笑着说："朕打错了你……"魏东亭更忍不住了，泪水鼻涕也流了出来。

康熙说："还说没有委屈，眼泪都控制不了。"

魏东亭立即说："没有委屈！没有委屈！奴才只是感到受主上隆恩，感激万分，不知如何肝脑涂地报答圣上……"

"你说的是实话吗？"康熙一手扶起了魏东亭，又说："你不觉得朕委屈了你，近来对你好像刻薄了一些吗？"魏东亭立即说："奴才没有这样想过，主子也未曾薄待过奴才！"康熙笑着说："你越来越干练了，也学了不少油嘴！"

魏东亭立即说："奴才岂敢讲大话！皇上的恩宠，无论是雷霆、雨露都是君恩，莫说主子没有疏远奴才，就算有，奴才也要自我反省，自己做错了什么事，令主子讨厌，奴才要自己学乖、学好！"

康熙说："朕要有意锻炼你一下。你说要弃武就文，目的当然要他日找一条好的出路，这是对的。如果封你一个官职，只是朕一句话就可以了，但这样不能培养你成材。你还需要多一点历练，所以朕对你是严格了一些。你知道吗？索额图是皇亲，有时胡来，只要不太过分，朕也会忍他一忍，给他一点面子。将来你的前途，肯定在明珠、索额图等人之上，但要好好历练……"

魏东亭听了，更加感激，说："主子明训，令奴才茅塞顿开……"

康熙又说："朕再三筹划，才不得不把你留在身边。你要吃得起这个亏呀！"

康熙一番说明，说得又情真又意切，魏东亭本来心里别扭着，但经过一掌之后，得到皇帝如此交心谈话，更加忠心地做好分内的工作了。

说到谋略，也许康熙对魏东亭这一做法，并不是刻意收买人心，但是他对魏东亭的打算，可真算得上是用心良苦，深谋远虑。很多时候，谋略代表了一个人的眼光，它也为人们指引方向。如果谋略不当，自己深受其害不说，连身边的人，乃至自己的事业都会受到牵连。因此，我们一定要培养自己的胆识和谋略。

第七节　萨达特
——韬光养晦做总统

　　穆罕默德·安瓦尔·萨达特，埃及政治家、前总统。埃及前总统萨达特是1952年埃及"7·23"革命的组织者和发起者之一，革命成功后，领导者之间争权夺利十分激烈，唯独他不图大权，恬淡自若。对于大权在握的纳赛尔，他极为尊敬。对纳赛提的建议，他从不提异议；对于纳赛尔的话，他总是唯唯诺诺，纳赛尔为此称萨达特为"毕克巴希萨萨"（即"是是"上校），甚至不满意地讲："只要萨达特不老说'萨'（是），而用别的话来表示他的赞成意见时，我就会觉得舒服些。"在日常工作中，萨达特不露声色，表现得平平常常。对于内政问题和外交大事，他从不拿出主见，偶尔自己的公开态度稍有出格，他就会立刻纠正，与纳赛尔保持一致。

萨达特韬光养晦做总统

　　1967年第三次中东战争后，纳赛尔考虑隐退，将扎克里亚·毛希丁提名为继任者。但3年之后，经再三权衡，考虑到顺从及危险性小等理由，纳赛尔出人意料地选萨达特为继任者。出于一些方面的考虑，埃及军方也支持萨达特。1970年9月纳赛尔去世，埃及开始了一场激烈的权力之争。毛希丁、巴格达迪、萨布里、侯赛因、谢里夫这些人，既有潜在势力，又都大权在握，他们互不相让，争夺激烈。后来出于政治妥协，这些人把平日不起眼的萨达特捧上了总统宝座。

1970 年 10 月萨达特继任总统后，一反平日之态，大刀阔斧地进行了一系列改革和惊人之举。他先是排除异己，将毛希丁、萨布里等潜在对手革职或降职，稳固了自己的权力和地位。接着实行了政治、经济改革：政治上实行民主，经济上实行改革开放。在外交方面，1972 年 7 月他下令驱逐了在埃及的 2 万名苏联专家；1973 年 10 月向以色列发动了"十月战争"，打破了中东"不战不和"的僵持局面；1974 年 6 月与美国恢复外交关系；1977 年 11 月亲访以色列，打破埃、以关系的僵局；1978 年与美、以签订戴维营协议，由此获得"诺贝尔和平奖"……这一系列的外交上的惊人之举，使他成为 70 年代世界政治舞台上的风云人物。

古人云："木秀于林风必摧之。"锋芒太露的人很容易招致别人的非议和敌视，在官场尤其如此。萨达特深知这个道理，于是他隐其锋芒，韬光养晦，终于登上了总统宝座，表现了非凡的才能。人类社会的发展一直都处在一种竞争状态，为了维持生存，每一个人都有自己独特的生存本领。大家知道，在自然界中，当相对弱小的动物受到强大对手的攻击时，它往往会以假死来蒙骗敌人、保护自己。同样，韬光养晦实际上也好像弱小动物的假死行为一样，人类社会和动物界一样处在竞争的状态，由于人比动物更聪明，这种竞争也更加复杂和残酷！

如果说弱势群体为了保护自己有向强势群体示弱的必要，强势群体何必韬光养晦呢？这里面也有很多奥妙。一般来说，强势群体大权在握，处在比较显眼的位置，这样，他受人关注的就必然多，所要应付的事情也必然多，会让他把许多的精力分散在与人周旋、应付上。

一个人如果没有安静思考的时间，长期处在显眼的位置指挥、领导、周旋、应付，久而久之，精力、健康、知识、智慧都会受到损伤。这就要求处在领导位置的人，避开众人的焦点，避开不必要的繁杂事物，回到比较隐蔽的位置。这样的位置有助于人修身养性、恢复精力；有助于人们不断反思、不断调整，拓展自己心灵的空间，强大自己灵魂的力量。这样，当人再一次投入到工作中，就会获得足够的智慧和精力去面对。

所以，强势群体也常常会运用"韬光养晦"这种生存策略，只不过强势群体和弱势群体运用"韬光养晦"的手段和目的不一样罢了。

肩负"和平"的使命

萨达特于1918年出生在尼罗河三角洲米努夫省的迈特阿布库姆村，父亲是一名军人。由于家境一直很艰难，因此，萨达特的童年是在贫寒困苦中度过的。

在萨达特的初级教育中读的最多的是《古兰经》，这使他成为一个虔诚的伊斯兰教教徒。萨达特的中学时期，正赶上埃及人民争取民族独立的伟大时代。当时的埃及虽然于1922年获得了独立，但也仅仅是名义上的，实际上仍是英国的殖民地，人民仍然生活在水深火热之中，这使埃及人民感到极大的愤怒，同时，也在年轻的萨达特心中种下了仇恨的种子。而且，萨达特特别崇拜印度民族主义领袖莫罕达斯·甘地，并把甘地作为他人生的榜样，甚至连甘地的着装他都模仿。

1936年，萨达特考入了埃及皇家军事学院，参加了"青年埃及党"。毕业后，他因为参加反英斗争而两次被捕入狱。1950年，萨达特投到纳赛尔领导的"自由军官组织"中，并成为其中的一名核心成员。1952年7月23日，纳赛尔领导的革命获得了成功，把埃及人民从英国人的统治下拯救了出来。萨达特则代表自由军官组织在广播电台发表了第一个声明，向埃及人民和全世界人民宣告，埃及从此获得了新生。

"7·23"革命后，萨达特从一名普通军官一跃成了执政的"革命委员会"成员。1970 年 9 月 28 日，当纳赛尔总统逝世后，萨达特担任了埃及总统，开始了他的总统生涯。上任伊始，他便大刀阔斧地进行了一系列政治、经济改革。

在政治上，他主张民主；在经济上，实行开放政策；在外交上，推行"积极中立"和"不结盟政策"，反对霸权主义，力图打破中东"不战不和"的局面，以谋求和平解决中东问题。这些政策的正确实施，使埃及在国际中的地位得到了迅速的提高。尤其是埃以实现和平，使中东地区消除了一大隐患，为世界和平做出了巨大的贡献。为了表彰萨达特的功绩，诺贝尔和平奖评选委员会和国际记者协会分别授予了他"诺贝尔和平奖"和"哈马舍尔德和平奖"。

虽然和平的道路是艰难的，但这是大势所趋，也是人心所向，所以，萨达特作为促进中东和平的先驱载入史册，虽然他这时早已离开了总统的宝座，长眠于九泉之下。但他的和平思想却像金字塔一样闪耀着夺目的光芒，他永远活在埃及和中东各国人民的心中。

第 5 章

自信人生：信心是命运的主宰

"天生我材必有用"，这就是对自己最简单、最直白的肯定，这种自我肯定会成为命运的主宰。自信，是对自己能力的充分估量；自信，是一种来自心底的无形力量；自信，是人们成就伟业的先导。只要拥有自信，拥有一颗自强不息、积极向上的心，成功迟早会属于你的。

第一节　里根
——坚持你的自信

罗纳德·威尔逊·里根，美国政治家，第 33 任加利福尼亚州州长，第 40 任美国总统（1981 年 -1989 年）。在踏入政坛前，里根也担任过运动广播员、救生员、报社专栏作家、电影演员、电视节目演员和励志讲师，并且是美国影视演员协会的领导人。他也是一名伟大的演讲家，他的演说风格高明而极具说服力，被媒体誉为"伟大的沟通者"。历任总统之中，他就职年龄最大。他是历任总统中唯一一位演员出身的总统。

做一个充满自信的人

美国第 40 任总统罗纳德·里根是一个充满自信的人。在成为总统之前，他只是一位名气不大的演员，但他立志要当总统，并相信自己一定可以做到。

里根在 22 岁 -54 岁之间，从事电台体育播音员、电影演员等职业，他对于从政这件事完全是陌生的，根本没有什么经验可谈，因为他的整个青年到中年的岁月，都谋生在文艺圈内。如果里根想涉足政坛，这一现实无疑成为一大障碍。然而，当保守派和共和党内一些富人竭力怂恿他竞选加州州长时，里根觉得机会来了，他毅然放弃影视演员这个让他一直很重视的职业。

里根出身贫寒家庭，通过多年的个人奋斗，最终成为总统。毫无疑问，这是许多人心中最美的美国梦的完美实现。里根年轻时曾经当过 7 年救生员，当地人说他救起了 77 个人。1932 年，里根从尤里卡学院毕业，获得经济学学士学位。在学校期间，他是许多俱乐部和运动队伍的领导人，显示了他的领导才能。

在 1930 年美国经济大萧条期间，里根找不到他所主修的经济学方面的工作，开始在广播和表演界谋发展。他的第一部电影是在 1937 年拍摄的。在第二次世界大战期间，他为美国陆军拍片。他持续参加电影演出，直到 1965 年。

作为电影演员，里根始终没有成为大红大紫的大明星。但是，在周旋于好莱坞演艺界期间，里根当选电影演员工会主席，从而成为美国电影演艺界的一位政治明星。他在 1948 年跟电影演员简·惠曼离婚，在 1952 年跟南希·戴维再婚。里根是美国历史上第一位离过婚的总统。

要说历史头一次，我们也可以说里根是美国历史上第一位演员出身的总统。1966 年，里根决定竞选加利福尼亚州州长，让许多人感到惊讶。里根击败当时在任的民主党人州长布朗，令全国人对他刮目相看，为他以后进军白宫铺垫了道路。

1980 年，经过一次不成功的尝试之后，里根代表共和党竞选总统，击败了在任的民主党人总统卡特。随后，又率领共和党夺取了国会参议院的多数席位，从而为他推行"大减税""大增军"铺平道路。他的这些"大减大增"，被认为是所谓的"里根经济学"的核心。

1981 年，有人试图对里根行刺，里根身受重伤，但是幸存下来。1984 年，美国经济经历了 30 年代大萧条以来最严重的衰退，但是，里根又在经济衰退引起的政治风浪中幸存下来，成功连任。

里根总统之所以受到广泛的爱戴，一个重要原因是他总是显示出一种自信乐观的态度、一种勇敢精神。信心是一种精神力量，会创造奇迹，

是成功之本。成功的欲望是创造和拥有财富的源泉，不计辛劳，勇往直前，定让你的人生大放异彩。

自信就是要相信自己的能力，要不断地挑战自己，超越自己。自信，是对自己能力的充分估量；自信，是一种来自心底的无形力量；自信，是人们成就伟业的先导。有了自信，我们就没有跨不过去的难关，没有越不过的沟壑。青少年要做好心理准备，人生之路布满荆棘，任何人都会碰到困难和挫折，这时候一定要相信自己，只有自己才可以将这些逆境转变。

幽默是自信的一种表达方式

里根说："在生活中，幽默能促进人体健康；在政治上，幽默有利于自己的形象和得分。"

里根就任美国总统后第一次访问加拿大期间，他发表演说不时被举行反美示威的人群所打断，加拿大总理皮埃尔·特鲁多感到难堪，紧皱双眉，而他却满脸笑容地对特鲁多说："这种事情在美国时有发生，我想这些人一定是特地从美国来到贵国的，他们想使我有一种宾至如归的感觉。"这幽默的话把特鲁多说得眉开眼笑了。

里根决定恢复生产新式的B—1轰炸机时，引起了许多美国人的反对。在一次记者招待会上，面对一帮反对他的这一决定的人说："我怎么不知道B—1是一种飞机呢？我只知道B—1是人体不可缺少的维生素。我想，我们的武装部队也一定需要这种不可缺少的东西。"他这话既幽默又坚定，反对人就不好再说什么了。

自信是一种坚定、乐观的心态，而幽默就是自信的一种表达方式。有时候，这种乐观的态度也别具说服力。里根相信自己的能力能够使国家和人民富足，于是他用这种轻松幽默的方式去感染群众。

人不同于其他动物之处，就是在于人能思考、有自信力、有毅力，可以达到非常高的精神活动的境界，能够战胜自我，战胜任何艰难困苦，敢于向极限挑战。对青少年来说，许多事情，关键不是"能不能"，而在于"敢不敢"。一个谨小慎微、畏首畏尾的人，其实是在束缚和封闭自己，机遇往往会与他擦肩而过，失之交臂。有时将自己"逼上梁山"，满怀信心地"揭竿而起"，常常会闯出一片新天地。恩格斯说："勇敢和必胜的信念常使战斗得以胜利结束。"须知，自信通向成功之门。

第二节　华盛顿
——自信成就强者

乔治·华盛顿，美国开国总统。在美国独立战争中，他任大陆军总司令，为美国的独立做出了巨大的贡献。1789 年当选总统，1793 年再选连任。由于他对争取美国独立、发展美国经济、建设民主法制和巩固联邦基础所做的贡献，被美国人尊称为"国父"。1797 年两届任满后，华盛顿拒绝再次参加竞选，隐退回乡。

"要做强者"的观念
让华盛顿成为美国最伟大的总统

10 岁的乔治·华盛顿个头比同龄人要矮小，也许是个头矮小又调皮的原因，华盛顿在学校里常被同学们欺负。这一点母亲早有耳闻，因为华盛顿的调皮捣蛋在学校里是出了名的。有一次，受到欺负的华盛顿回到家向母亲控告同学们对他的不敬。母亲说："没人愿意踢一只死狗。"

华盛顿的前4代祖先是英国人，因为反对英王查理一世的统治，于1655年移居北美洲大陆，来到弗吉尼亚落脚，垦殖农田，逐渐将产业发展为一个大庄园。华盛顿的父亲名叫奥古斯廷·华盛顿，是弗吉尼亚州威斯特摩兰县的一位农场主。1732年2月22日小华盛顿在威斯特摩兰出生。他的童年是在美丽的威斯特摩兰度过的。后来父亲经营农庄铁矿，幼年的华盛顿随着父亲多次搬家。

华盛顿的生母玛丽是老华盛顿的续弦，和丈夫生有四子一女，华盛顿是老大。老华盛顿的前妻生有三子一女，他们共同组成了一个大家庭。华盛顿作为一户缺地家庭的孩子，不得不努力工作以争取成为一名弗吉尼亚绅士。于是华盛顿从小学会了骑马打猎，养成了英勇刚毅的性格。

华盛顿的这种性格母亲是十分欣赏的，因为她知道一个人如想成就一番事业必须坚强和勇敢。华盛顿后来回忆说，如果套用母亲"没人愿意踢一只死狗"这句话，其哲学含义便是：如果一个人没有全面的知识，没有出击的资本，终将没人理会。这个道理直到多年后他才理解。

少年华盛顿的兴趣是在数学方面，他从小养成了随时记账、分毫不差的习惯。他16岁时，参加了为弗尔法克斯领主托马斯测量谢南多亚土地的工作。他绘制的农田测绘图不但清晰规范而且毫无差错。母亲玛丽看到华盛顿做事认真很高兴，称他是做大事的人。

1753年，弗吉尼亚州遭到法国士兵的入侵，华盛顿被召去担任民兵中校。他22岁晋升为陆军上校，并在战争中统领弗吉尼亚的全部军队。

在华盛顿统帅军队的几年里，母亲玛丽既不为儿子的失利而灰心，也不为儿子的胜利而陶醉。有一天，华盛顿的部队打了胜仗，朋友们来向玛丽报喜。玛丽说："朋友们，请不要恭维我的儿子。我只希望乔治能记住我的话：他不要忘记他是美国的普通公民，上帝只是使他比别人更幸运一些罢了。"

1758年华盛顿退役，经过3次竞选当选为弗吉尼亚州议员。有人请教乔治·华盛顿的母亲，问她儿子何以能成为英勇的军事领袖，她回答说："这是因为我教他强者的观念。"

闻听美国独立，英国从本土派遣军队进入北美大陆镇压革命，美国独立战争全面爆发。华盛顿在战争中发挥的重要作用是世人公认的。他也有过指挥上的错误，但他总能从错误中吸取教训，使大陆军越战越强。华盛顿的献身精神、杰出的战略思想、出色的组织能力和坚定得当的指挥才干，引导大陆军经历8年独立战争，最终走向胜利。1783年9月3日，英国和美国签署了《巴黎条约》，英国承认美国独立。华盛顿立即辞去总司令职务，解甲归田，于当年圣诞节前夜回到故乡芒特弗农山庄。

一个人的伟大成就，是生命力量的赞歌，是自强者真正的永存。正是自强的信念让华盛顿不断前进，不断从错误中吸取教训，走向成功。他的成就来源于他的自信。自信是一种力量，无论身处顺境，还是逆境，都应该微笑地、平静地面对人生，有了自信，生活便有了希望。

"天生我材必有用"，哪怕命运之神一次次把我们捉弄，只要拥有自信，拥有一颗自强不息、积极向上的心，成功迟早会属于你。

人的一生之中难免有些挫折。要想在人生的道路上有所成就，就要敢于面对现实，不怕挫折。面对困难，面对逆境，不屈不挠，百折不回。只有敢想、敢干、敢于面对现实而不怕挫折的人，才能事业有成，才是真正的强者。今天的青年学生，希望你们选定目标，保持自信，做一个强者，成功的道路就在你们面前。

自信使他志存高远

胸怀远大，志存高远，这是人人都明白的理想之道。可是真正能望到远方的人又有多少呢？其中难免有一些人由于自己自信不足、勇气欠佳而放弃了。而美国总统华盛顿却是真正做到了志存高远，实现了自己的伟大理想。

美国第一任总统乔治·华盛顿在领导独立战争和组织联邦政府的过程中，发挥了巨大的领导和协调作用。华盛顿为美国的远大前途所做出的努力，直接得益于他的德行修为所产生的巨大的感召和激励作用。

华盛顿身材伟岸，英俊潇洒，"亲切"和"谦虚"是人们对他的评价。见过他的人们经常描述他眼里不时掠过的温柔。"要平易近人，"他告诫他的军官们，"这是赢得尊重的必要条件。"除此之外，他还教育他的军官们，"要学会宽恕别人的错误，这是你赢得别人尊重的秘诀之一。"

除了平易近人、宽恕别人，华盛顿还用其他品行赢得了无数人的尊重。他目光远大、心地光明、果断自信而又谦逊质朴，他一生的行事为人，处处让人体会到他的谦卑、真诚和执着。他功勋卓著却不贪恋权力，即使在处于权力巅峰、统率千军万马之时，他也从来没有自我膨胀，没有任何狂妄的野心。他作风平和，踏实认真，讲话不多，但他的每一次讲话都发自内心，真挚感人，能字字句句打动人心。告别政坛之后，他毅然临危受命，再度应召为国服务，却断然拒绝了总统提名，他的每一次选择都证实了他纯洁无私的人格。

作为美利坚合众国的首位总统，他肩负起组建联邦政府机构的责任。他心地宽广，把美国一流的人物都纳入他的政府。为了确立政府的威信，他力求从才能和品德方面来选举人才。他对各部官员的选择有两个条件：第一，要受人们的欢迎和爱戴；第二，要对人民有影响力，两者缺一不可。面对政府内阁中的党派之争，他总是冷静地用超人的智慧加以调解；对待联邦党人和共和党人的争论，他希望能不带偏见地将对美国有利的观点集中起来，他不想压制别人的意见。他对别人过人的才干，毫无卑劣的嫉妒之心，他把当代最伟大的政治家团结在自己周围，使之造福国家。他主张为人处世要襟怀坦白，光明磊落。

他虽然大权在握，却始终听从良知的召唤，谨慎地使用权力。后人可以从他身上看到，原来政治家还能够是这样温和的一种形象。也正是他，用自己的言行告诉世人，政治和道德可以良性结合到什么程度。华盛顿犹如一座政治人格的灯塔，时刻提醒着拥有和想拥有权力的人们，不要在权力的迷宫里晕头转向。

在他的这种既伟大又朴实无华的品格下，无疑是"自信"给了他如此坚定的信念和强大的力量。他自信自己能管理一批士兵，自信能带好一个团队，自信能领导一个国家，并且使人民过上更好的生活。他的"自信力"赢得了"他信力"，使他赢得了众人的信任和爱戴。他的信心和坚韧促成了他的丰功伟绩。

第三节　拿破仑
——相信自己是最优秀的

拿破仑·波拿巴，法兰西共和国近代史上著名的军事家、政治家，曾经占领过西欧和中欧的大部分领土，在位前期是法国人民的骄傲，直至今日一直受到法国人民的尊敬与爱戴。他是与亚历山大、恺撒并列的军事天才，一生大小征战百余次，大多攻无不破，战无不胜。他曾被誉为"常胜将军"。最得意时，他曾说："在我的字典当中是没有'不'字的。"

相信自己胜过相信上帝

拿破仑从小就十分争强好胜。还是小孩子时，他时常揍比他大一岁的哥哥约瑟夫·波拿巴，之后却先到母亲那里去哭鼻子告状，使约瑟夫再受母亲的一顿训斥。

有一次，小学教师把孩子们分成两组，玩罗马打败迦太基人的游戏。拿破仑起先被分在迦太基人组，但他说什么也不接受这个分派，因为他不甘做个败者。他又哭又闹，使得游戏无法开始，直到约瑟夫（被分在罗马人组）答应和弟弟调换位置才结束了这场风波。

由于拿破仑的勇猛好斗，他父亲在他10岁时就将他送到布里埃纳预备军官学校接受军事训练。初到军校时，拿破仑备受歧视，同学们都瞧不起他，拿破仑就和他们打架，一直打到那些同学不敢再歧视他。

拿破仑在早年生活中，相信自己胜过相信上帝。

1789年，法国大革命爆发。拿破仑开始任炮兵团少尉，他积极投入这场革命运动。1793年面对王党分子的疯狂反扑，拿破仑被派往参加围攻土伦的战役。在这当中，他巧用炮兵，摧毁了敌军的工事，表现出非凡的军事才能与勇气，由此不断受到上级的提拔。他后来又奉命出征意大利和埃及，多次创造以少胜多的战绩，获得了"常胜将军"的美誉。就这样，拿破仑很快从科西嘉的一个乡巴佬荣升到法国最受欢迎的人。拿破仑相信铁的意志和铁的手腕，自信使拿破仑不断地向命运挑战。1799年10月9日，拿破仑率领500精兵从埃及返回法国。16日抵达巴黎时，他受到了万人空巷的欢迎，这更加增强了他成功的渴望。同年11月9日，拿破仑发动了雾月政变，解散了共和国的督政府，把权力交给自己为首的三位临时执政者。拿破仑在法国的崛起，极大地震撼了欧洲各国的王室。他们视法国大革命为洪水猛兽，不屑与拿破仑这样行伍出身的政治暴发户对话。1800年英、俄、奥等国组成的第二次反法同盟与拿破仑决战。拿破仑亲率2万兵马，出其不意地翻越了法国与意大利交界的羊肠小道，进入意大利境内，击败了奥军。同时，拿破仑又向沙皇保罗一世献殷勤，使他退出了反法同盟，使英国陷入孤立，最后不得不同法国签订《亚眠和约》，承认拿破仑在欧洲占领的疆土。

这一系列胜利使拿破仑在国内的声望升到了极点，他被推举为法兰西共和国终身执政。但拿破仑并不满足，他的梦想是成为法国的第一位皇帝。法国元老院于1804年5月18日正式授予拿破仑"上承天佑共和国法律制定的法国人的皇帝"称号。

1804年12月2日，拿破仑在巴黎圣母院举行加冕盛典。当教皇庇护七世拿起皇冠准备戴在拿破仑头上时，拿破仑突然自己接过皇冠自己戴在头上，又将另一顶皇冠戴在约瑟芬头上。拿破仑这一举止震惊了所有与席的王公大臣。拿破仑视上帝如仆人，胆敢在加冕时自戴皇冠，打破君权神授的传说，他的野心膨胀，他无比自信，希望做这个世界的君主！

我们学习拿破仑的自信，当然不是要全盘接受他的野心和贪婪。但就他身上的自信而言，是十分值得我们学习的。自信对一个人来说十分重要，可谓是做人的根本。爱默生说："自信是成功的第一秘诀。"麦克斯·施蒂纳说："伟人之所以看起来是伟大，只是因为我们在跪着，站起来吧！"

没有自信，便没有成功，一个获得了巨大成功的人，首先是因为他自信。志向和自信就像一支火把，它能最大限度地燃烧一个人的潜能，指引其飞向梦想的天堂。

出色的战绩

拿破仑是一名出色的军事家，对当时的军事知识深有研究，善于将各种军事策略运用于实战之中，尤其是主张将火炮集中使用，以及充分发挥骑兵的机动作用。

1796 年 3 月 2 日，26 岁的拿破仑被任命为法兰西共和国意大利方面军总司令，3 月 9 日与情人约瑟芬·博阿尔内结婚，之后便匆匆奔赴前线。有意思的是，拿破仑的血统也是属于意大利的，虽然他是法国公民，然而父亲却是意大利人。在意大利，拿破仑统帅的军队多次击退了由奥地利帝国的维尔姆泽将军与萨丁组成的第一次反法同盟联军，最后迫使对方签署了有利于法兰西共和国的停战条约。这是拿破仑军事史的杰作。

取得意大利之役的胜利后，拿破仑的威信越来越高，他成为法兰西共和国人民的英雄，他也相信自己能够为民众带来更多的成果和利益。而他的崛起令督政府感觉受到了威胁，因此任命他为法兰西共和国东方军的司令，派往东方以抑制英国在该地区势力的扩张。

然而，1798年远征埃及本身是一个大失败。虽然拿破仑指挥法军在陆地上取得全盘胜利，但是拿破仑的舰队被英国的海军上将纳尔逊，完全摧毁，部队被困在埃及。1799年回国时，400艘军舰只剩下2艘，原本侵略印度的计划受阻，人员损失惨重。

此时欧洲反法联盟逐渐形成，而法兰西共和国国内保王党势力则渐渐扩大。1799年8月，拿破仑最终决定赶回巴黎。1799年10月，回到法国的拿破仑被当作"救星"来欢迎。11月9日，拿破仑发动了雾月政变并获得成功，成为法兰西共和国第一执政，实际为独裁者。

拿破仑想要凭借自己的力量创造一个更伟大的民族，更先进的国家。之后他进行了政治、教育、司法、行政、立法、经济等方面的重大改革，其中最著名并且直到今天依然有重要影响的成果是《拿破仑法典》，是在政变的当天晚上就由拿破仑下令起草的，很多条款由拿破仑本人亲自参加讨论并最终确定，基本上涵盖了法兰西共和国大革命初期提出的比较理性的原则。

法典在1804年正式实施，对德国、西班牙、瑞士等国的立法起到重要影响，其内在思想在今天也具有意义。在政变结束后，拿破仑向人民发布的公告，他自豪地宣称："公民们，大革命已经回到它当初借以发端的初衷，大革命已经结束。"另外，拿破仑还确定了保留至今的国民教育制度，以及法国荣誉军团制度。

拿破仑的功绩是不可否认的，他对后世的影响更是不言而喻。然而拿破仑之所以能够成就这样的伟业，除了得益于他的军事才能和政治头脑，还有他从小培养起来的强大的自信。来自心底的精神力量才是一切成就的源泉，正是因为有这种自信力，相信自己是最优秀的，并且相信优秀的自己更加能带动一个优秀的民族，因此他成功了。有了自信做后盾，他所做的任何决定和贡献都有了依托的根本。

因此，自信是一个人成功的基础，作为当代的青少年更要加强培养自己的自信力，相信自己能够使自己乃至社会变得更加美好。

第四节　大仲马
——自信的人不向困难低头

亚历山大·仲马，又称大仲马，法国 19 世纪浪漫主义作家。大仲马自学成才，一生所写著作达 300 卷之多，主要以小说和剧作著称于世。大仲马信守共和政见，反对君主专政。由于他的黑白混血人身份，其一生都受种族主义的困扰。2002 年，大仲马去世 132 年后，其遗骸移入了法国先贤祠。

大仲马的希望之功

大仲马创作的《基督山伯爵》《三个火枪手》等作品以人物形象鲜明、故事情节曲折取胜，他的通俗小说在艺术上取得了极高的成就，是世界通俗小说中独一无二的作品，因此享有"通俗小说之王"的称号。

大仲马的祖父原来是位法国侯爵，任炮兵总军需官，一名女黑奴为他生了一个男孩，这个男孩就是大仲马的父亲。大仲马的父亲原名托马·亚历山大，后来以仲马为姓入伍，他在军队中作战勇猛，智谋过人，很快就从一名小兵成为拿破仑手下的一名将军。

在大仲马3岁的时候父亲病故，大仲马只能与母亲相依为命。幸运的是他认识了一位贵族朋友，这位朋友教他学习文学，认识并了解戏剧。所以，在大仲马的作品中，也包括很多戏剧作品。

后来，一位大仲马父亲的老朋友见大仲马的字写得很好，就帮他找了一份文书的工作，使他在巴黎可以勉强糊口。他还经常替剧院做些抄写工作，贴补家用。后来他开始自己创作剧本，第一部剧本《亨利三世与他的宫廷》受到了广泛好评，于是他顺利地进入到了文学界。直到1844年，《基督山伯爵》的发表，他成为家喻户晓的著名作家。

自从《基督山伯爵》发表以后，大仲马的名声越来越大，他的作品也越来越多。大量的作品出版给他带来了大量的金钱，生性豪爽的大仲马有了钱生活就奢侈起来了。他在巴黎附近的一处森林里花巨资修建了一座基督山伯爵城堡，建筑风格采用的是当时流行的哥特式，之后又以相同的名称建造了一座城堡式别墅。大仲马经常在城堡内宴请宾客。

虽然大仲马过上了豪华奢侈的贵族生活，但是，由于他的祖母是黑人，而祖父是白人，这样的出身使他总要忍受别人的鄙视和白眼。传说在一次聚会中，大仲马举起手中酒杯要与大文豪巴尔扎克碰杯，却遭到了巴尔扎克的拒绝，而且巴尔扎克还奚落他说："等我江郎才尽的时候，我才会去写剧本。"大仲马立即回击："那么你现在就可以开始写剧本了。"巴尔扎克听了，十分恼火地说："在我开始写剧本之前，还是先请你谈谈你的祖先吧。这倒是一个剧本的绝妙题材呀。"所有的人都明白，这是在讽刺大仲马是黑白混血儿。大仲马再次回击："我的父亲是克里奥人，我的祖母是黑人，我的曾祖父是猴子，我的家就在你家搬走的地方发源的。"

    大仲马虽然已经很富有了，但是依然要忍受周围人对他的种族歧视。不过在出身的阴影笼罩之下，大仲马心中依然充满了希望。希望就像灯塔一样，指引着他继续前行。大仲马在自己最喜爱的基督山城堡中刻下这样一句话："我爱爱我的人。"他希望他的爱也能换来人们对他同等的爱。大仲马在他的作品中写过这样的话："在上帝垂顾，为人类揭开未来之前，人类的全部智慧都包含在这两个词语中，这就是'等待'和'希望'。"

    希望成了大仲马最为重要的东西。在他的著名小说《基督山伯爵》中，一系列引人入胜的曲折故事都是来自主人公对希望的追求。

    《基督山伯爵》的主人公名叫埃德蒙·邓蒂斯，他是埃及王号远洋货船上的代理船长。邓蒂斯未婚妻的表哥费南也暗恋着表妹，便把邓蒂斯当作做情敌，对他又嫉又恨。货船上的丹格拉尔怀有当上船长的野心，看着邓蒂斯即将走上船长的位置，他便与费南勾结在一起，设计陷害邓蒂斯。他们把一张告密条送到了当局的手里。

    正当邓蒂斯满脸春风地举行婚礼的时候，他却被抓走了。接管这桩案子的维尔福是一个假公济私的人，他看到密信的收信人正是他的父亲，如果这件事公布于众，那么他的前途就全完了。于是，他宣布邓蒂斯是极度危险的政治犯，将邓蒂斯判处了无期徒刑，并关到了孤岛上的监狱里。

    被关在坚固、四面是海的监狱里，逃跑根本是不可能的。一开始，邓蒂斯还天真地期待着检察官会查清事实，宣判他无罪。渐渐地，邓蒂斯明白了，那是不可能的，翻案已经没有机会了。

就这样，心中想念未婚妻的邓蒂斯，在孤岛的监狱里度过了14年。

但邓蒂斯心中还有希望，也正是希望引领着他认识一位囚徒神父，这位神父帮助邓蒂斯获得重生。这位神父同样是一位心怀希望的人，他即使被关在这高墙围闭、四面临海的监狱里，依然怀着追求自由的心。他在偷偷地挖一条地道，可是，没想到由于计算出错，他的地道挖到了邓蒂斯的牢房里。

神父帮助邓蒂斯分析出陷害他的仇人是谁，还教会邓蒂斯好几种语言，并告诉邓蒂斯隐藏在基督山的宝藏。后来，神父病死了，邓蒂斯钻进装神父尸体的麻袋，被狱卒扔进了海里。邓蒂斯用刀子割破了麻袋，游到了一个小岛上，终于逃出了监狱。

一只走私船将邓蒂斯带走，从此，邓蒂斯的名字不存在了，他改名为水手山巴。对当初帮助过他的人，他全部知恩图报。再后来，富有、博学而又气质高雅的基督山伯爵出现了，邓蒂斯正式开始了他十几年来梦寐以求的复仇计划。由于他拥有过人的智慧和用之不完的财富，他的复仇之路非常顺畅，所有的罪人都受到了应有的惩罚。

大仲马将自己对希望的追求融入了他所塑造的基督山伯爵的身上，充满着希望再加上持久的忍耐，终于使被置之于死地的基督山伯爵神话般地脱离了囹圄，走向成功。这也暗含着大仲马有自己挣脱束缚的自信，并成功获得精神上的尊严和自由。希望，是忍耐的灯塔；自信是成功的动力，它不仅能帮助大仲马，帮助基督山伯爵，它也一定能帮助我们每一个人。

要自信，不向困难低头

拿破仑在滑铁卢战败之后，大仲马已经13岁了，他的母亲想重振家业，便让他做出抉择，是采用佩莱苔利这个古老而又尊严的贵族姓氏呢，还是保留黑奴的姓氏仲马呢？这两个姓氏的高低贵贱，以及哪一个对自己的命运影响大，少年仲马心里非常清楚，但他还是坚定地对母亲说："我保留亚历山大仲马的名字！"

大仲马相信自己的能力，即使用黑人的姓氏，他依然可以成功，因为他心里有着深深的自信。

大仲马20岁那年准备闯荡巴黎，但由于他身无分文，无法出行。偶尔的一天晚上，他来到酒店里与人赌弹子，凭借在乡间游逛时练就的高超的弹子技术，他赢了满满一口袋钱，当夜便告别母亲，狂喜地奔向巴黎。因为，他坚信自己可以！

到巴黎之后，大仲马幸运地遇到了父亲的旧友福阿将军，经福阿将军举荐，他当上奥尔良公爵府上的文书抄写员。生活稳定之后，大仲马把母亲也接到了巴黎。为了生活有更好的保障，大仲马在正常的工作之余，经常替法兰西剧院誊写剧本，以增加收入。许多精妙的剧本让他深为着迷，常常忍不住放下誊写的剧本，动手写自己的剧本。

有一天他来到法兰西剧院，径直走进当时著名的悲剧演员塔玛的化妆室，张口就说："先生，我想成为一个剧作家，您能用手碰碰我的额头，给我带来好运气吗？"塔玛微笑着把手放在他的额头上，说："我以莎士比亚和席勒的名义特此为你这个诗人洗礼！"大仲马一点儿也没在意这位大演员善意的玩笑，他把手放在自己的胸口上，郑重其事地说："我要在您和全世界人面前证实我能做到！"

看似是自大的口气，其实都是源于内心的自信和不屈服的信念，他已经认定和坚信自己一定会成功。

然而，大仲马花了3年时间写出的大量剧本，却没有一个被剧院接受并上演。直到1928年的一个傍晚，法兰西剧院才给他送来一张便条："亚历山大·仲马先生，你的剧作《亨利三世与他的宫廷》将于今晚在本院演出。"大仲马手忙脚乱地穿好衣服时，才发现自己没有体面的硬领，他连忙用硬纸剪了个硬领，套在脖子上便飞奔向剧院。

但是到了剧院他却无法靠近舞台，因为连座席间的通道上都站满了观众。直到演出落幕以后，剧院主持人请剧作家上台时，大仲马才得以出现在台前，顿时，暴风雨般的喝彩声响彻剧场。当时的报纸如此描述他："他的头昂得那么高，蓬乱的头发仿佛要碰到星星似的。"这个戴着硬纸领子的混血儿一举成名，一夜之间成了巴黎戏剧舞台上的新星。

大仲马的故事告诉我们，相信自己，在生活的征途上不畏险阻。不怕困难的斗士才能享受到成功的喜悦。

在现实生活中，人人都会遇到一些艰难险阻，这时候我们应该时刻准备着迎接困难与挫折的考验和挑战，加强对挫折的承受力，在困难与挫折面前永远做个强者。艰苦和挫折是人生的老师，有的人在挫折面前倒下去，有的人退缩，而有的人冲了上去，战胜了困难，征服了挫折。这样的人，才是生活的强者；这样的人，才会体验成功的快乐！

人总是要和挫折、成功交朋友的。在你面对挫折的打击时，你是选择知难而进，还是退缩不前？知难而进会给你带来成功的喜悦！而退缩不前，只会使你在失败的痛苦中堕落！所以，要坚信，面对困难的时候，一定要相信自己，敢于拼搏，这样的人才能成为命运的主人！

第五节　苏格拉底
——自信是一种气度

苏格拉底，古希腊著名的思想家、哲学家、教育家，他和他的学生柏拉图，以及柏拉图的学生亚里士多德被并称为"古希腊三贤"，更被后人广泛地认为是西方哲学的奠基者。

自信是一种气度，它带领你走向成功

苏格拉底是一个非常自信的人，头脑高超而不介意世俗的成败。他相信自己为一个神圣的声音所引导并且深信清明的思想乃是正确生活的最重要的条件。"认识你自己"就是苏格拉底的基本哲学主张。

据记载，苏格拉底的妻子是一位性情非常急躁的人，往往当众给这位著名的哲学家难堪。有一次，苏格拉底在同几位学生讨论某个学术问题时，他的妻子不知道为什么，忽然叫骂起来，震撼了整个课堂。继而，他的妻子又提起一桶凉水冲着苏格拉底泼了出去，致使苏格拉底全身湿透。当学生们感到十分尴尬而又不知所措的时候，只见苏格拉底诙谐地笑了起来，并且幽默地说："我早知道打雷之后一定要跟着下雨的。"这一忍让的幽默虽话语不多，仅仅是一句话而已，却使妻子的怒气出现了"阴转多云"到"多云转晴"的良性变化。大家听了都欣然大笑起来，更敬佩这位智者高尚的修养和坦荡的胸怀。

苏格拉底这一幽默的言语，给人以最强烈的印象是他的乐观自信，它可以使人遇难而乐观进取。这种人总是十分淡然地侃侃而谈，而且逻辑缜密，自然地流露出自己的内心感情，轻松自如地表现出这种内心情感。苏格拉底同时也希望自己的弟子是充满自信的，他用特殊的方式告诉他们要自信。

苏格拉底在临终前有一个不小的遗憾——他多年的得力助手，居然在半年多的时间里没能给他寻找到一个最优秀的关门弟子。

事情是这样的：苏格拉底在风烛残年之际，知道自己时日不多了，就想考验和点化一下他的一位平时看来很不错的助手。他把助手叫到床前说："我的蜡所剩不多了，得找另一根蜡接着点下去，你明白我的意思吗？"

"明白，"那位助手赶忙说，"您的思想光辉是得很好地传承下去……"

"可是，"苏格拉底慢悠悠地说，"我需要一位最优秀的承传者，他不但要有相当的智慧，还必须有充分的信心和非凡的勇气……这样的人选直到目前我还未见到，你帮我寻找和发掘一位好吗？"

"好的、好的。"助手很温顺、很尊重地说，"我一定竭尽全力地去寻找，以不辜负您的栽培和信任。"

苏格拉底笑了笑，没再说什么。那位忠诚而勤奋的助手，不辞辛劳地通过各种渠道开始四处寻找了。可他领来一位又一位，总被苏格拉底一一婉言谢绝了——这些人自然无法使苏格拉底满意。

有一次，当那位助手再次无功而返地回到苏格拉底病床前时，病入膏肓的苏格拉底硬撑着坐起来，抚着那位助手的肩膀说："真是辛苦你了，不过，你找来的那些人，其实还不如你……"

"我一定加倍努力，"助手言辞恳切地说，"找遍城乡各地、找遍五湖四海，我也要把最优秀的人选挖掘出来，举荐给您。"苏格拉底笑笑，不再说话。

半年之后，苏格拉底眼看就要告别人世，最优秀的人选还是没有眉目。助手非常惭愧，泪流满面地坐在病床边，语气沉重地说："我真对不起您，令您失望了！"

"失望的是我，对不起的却是你自己，"苏格拉底说到这里，很失意地闭上眼睛，停顿了许久，才又不无哀怨地说，"本来，最优秀的就是你自己，只是你不敢相信自己，才把自己给忽略、给耽误、给丢失了……其实，每个人都是最优秀的，差别就在于如何认识自己、如何发掘和重用自己……"话没说完，一代哲人就永远离开这个世界了。那位助手非常后悔，甚至后悔、自责了整个后半生。

当你面对挑战时，不妨告诉自己：我就是最优秀的和最聪明的人。在做任何事情以前，拥有十足的自信，就等于已经成功了一半。每个人都会有种不甘平凡的向往，每个人都总会在冥冥中追求着自己的追求，天公不作美，偶尔让你在纷繁忙乱中迷失了自我，陷入了困惑，挣扎中谴责，我们又该如何？我们只有充分地相信自己，自信使曾经的迷惘该烟消云散了，那些尚未发芽的困惑也该从这一刻沦为过往。

青少年都懂得，每个人的成功都承载了汗水和眼泪、孤寂与彷徨、希望与失望的更迭。也许变幻莫测的现实让你一时迷失了自己，也许意想不到的挫折让你刹那间变得自己不了解自己，也许还有很多未知在考验着你。相信自己可以，你就可以，每个向往成功、不甘平庸的青少年，都应该牢记先哲的这句至理名言："最优秀的就是你自己！"不要弄丢了自己，其实你有很大的潜力，挺起胸膛走在路上。

注意培养自信

林肯初次登上政治舞台时，非常不自信，他甚至不敢在大庭广众之下开口。他第一次面对公众演讲的时候，脸色发白，膝盖颤抖，仿佛随时都有昏倒的可能。

但他并没有被这种恐惧吓倒。他似乎对自己的尴尬经历看得很淡，因为他知道自己不能仅仅靠紧咬牙关，就能讲完一个长篇演讲。聪明的他决定从逐步培养自信心入手。

他做第一次政治巡回演讲的时候，一开始只做一些简短的演说。这样，他就不至于太紧张，就能够尽量轻松地表达自己的想法。这一方法的确很管用。这些小小的成功积累起来便增强了他的自信心，到这次巡回讲演将近结束时，他已经可以连续讲半小时也不觉得很吃力了。后来，公共演讲成了林肯非常擅长的一种工作。

林肯的故事告诉我们，先从容易的事情做起，让一次次的小成功增强自己的自信。长此以往，我们就会把自信当成一种习惯。

美国总统罗斯福的夫人艾莉诺·罗斯福说过："没有你的同意，谁都无法使你自卑。"如果你表现出足够的自信，别人就会认同你的自信，你就会因此越来越自信。

容易受别人影响的青少年要勇于表达自己，并善于用自己的言行增强自信心。大家不妨试一试下面这四种训练方法：

第一，正确对待别人的看法，不能因为在乎别人的意见而失去了自己的想法和主见，不要未经判断就盲目接受他人的观点。

第二，有自己的想法和主见。在与人交换意见的过程中，绝对不可以在原则问题上让步。

第三，自信心是要通过自我表现才能不断加强的。只有将自己的能力、自己的见解充分展示出来，才能真正看到自己对他人的影响力，才能从这种影响力中获取足够的自信。

第四，在表现自我的时候要注意表达的方式、方法。一个有自信的人和一个没有自信的人说起话来是大不一样的，明眼人只要两秒钟就可以看出他们之间的差异。

苏格拉底的自信也不是天生就有的，这种自信来源于自己的经历和后天的培养。培养自信的关键在于认识并发掘自身的优势，从某种意义上说，这比弥补自身的劣势更重要。所以，青少年一代更需要在自信的指引下，仔细而全面地寻找自身的优势，只有这样，才能找到真正的自我。

第六节　贝多芬
——要有不服输的精神

路德维希·凡·贝多芬，德国著名的音乐家，维也纳古典乐派代表人物之一。他一共创作了 9 首编号交响曲、35 首钢琴奏鸣曲、10 部小提琴奏鸣曲、16 首弦乐四重奏、1 部歌剧、2 部弥撒、1 部清唱剧与 3 部康塔塔，另外还有大量室内乐、艺术歌曲、舞曲。这些作品对世界音乐的发展有着深远影响，因此，贝多芬被尊称为"乐圣"。

贝多芬——永不服输

贝多芬是世界艺术史上的伟大作曲家之一，他的创作集中体现了他那巨人般伟大的性格。贝多芬的音乐反映出当时人民群众的痛苦和欢乐、斗争和胜利，所以他的音乐总是激励着人们，鼓舞着人们，直到现在仍使人们感到亲切。

贝多芬一出生就开始了他与命运的抗争，直至生命结束，不服输的精神鼓舞着每一个人。

贝多芬自幼便已显露出他的音乐天分，他天赋过人，再加上后天刻苦地磨炼，所及程度连他的老师都自叹不如。13 岁时贝多芬受聘为宫廷古钢琴与风琴乐师，也担负起了养家的责任。在家庭生活的重担之下，贝多芬拼命地学习、工作，常常是夜以继日，身心极其疲惫，过早地遭受了超负荷音响的侵害。在宫廷中贝多芬虽然受到重视，但他仍然没有忘记那个最伟大的梦想——1787 年，贝多芬远赴维也纳投拜莫扎特。

但是，很不幸，他的母亲不久在波昂病危，回家不久，母亲就去世了。这对贝多芬打击甚大，贝多芬在失去亲人和家庭生活重担及理想追求的多重压力下，看到了命运之门的险恶。贝多芬年纪小小，却勇敢地跨进命运之门，坚定地向前走去。

正当贝多芬在广阔的天地中奋力翱翔，声名如日中天之际，不幸的命运又降临到他身上——他的耳朵聋了。我们可以想象，一位听不见声音的音乐巨人，一位就要在无声的世界中感悟创作音乐、实现自己人生追求的人，将会如何面对现实？这的确是很残酷的打击，为了怕人发觉自己耳聋，贝多芬逐渐离群索居，自己变得愈来愈孤僻。而在此时，他正与一名 17 岁少女朱丽叶塔·口古奇阿帝相恋，他怕恋人知道自己的病痛。

1802 年，贝多芬迁到离维也纳车程 1 小时的海利金宁静村庄作曲，他在那里完成了第二号交响曲。但耳疾恶化使他痛苦万分，因而他写下了海利根施塔特遗书，陈述悲惨遭遇与不幸。后来贝多芬又因康德的哲学观重建信心。

"要忘掉自己的不幸，最好的方法就是埋头苦干"。面对命运,他再一次成为强者,并埋头苦干地创作忘掉了自己的不幸,获得了创作的丰收。他回到维也纳,乐思泉涌,1803 年写出了雷霆万钧的第三号交响曲《英雄》。此曲原想献给拿破仑,但因拿破仑加冕称帝,贝多芬愤而涂掉拿破仑的名字,改称为《英雄交响曲》。《英雄交响曲》正是作者与命运抗争的那种英雄精神的写照。

自信自强的贝多芬,心中藏着热情的火山,蕴藏着无穷的感情,那情感细腻、超凡、和谐、充满力量。这种情感源源流进他创作的曲子中。《命运》,一开始的创作主题就是命运之神用力敲门。

贝多芬从 1804 年至 1814 年之间,遭遇失聪的惨境,但在这 11 年的岁月里,他的创作丰富,历史价值史无前例。他写出了人类音乐宝藏中光芒万丈的珍品。他的《第七号交响曲》没有标题,华格纳认为这首曲子是舞蹈的象征,尤其是热情奔放的终乐章。《第八号交响曲》是他九大交响曲中最明朗、最爽快的曲子,以达观而超然的态度看待人生。

贝多芬的思想同海顿和莫扎特显然并不属于同一个时代。海顿一生备受凌辱,他虽也偶尔被激怒过,但却总是逆来顺受,当时进步的文学思潮和革命情绪都很少能使他激动,他的音乐同斗争也是永远绝缘的。莫扎特精神上遭受的苦难并不比海顿少,他勇敢于反抗,宁愿贫困也不能忍受天主教的侮辱,但在他的音乐中,从那充满阳光和青春活力的欢乐的背后,往往还是可以感觉到一种痛苦、忧郁和伤感的情绪。只有贝多芬,他不但敢于挑战命运,愤怒地反对封建制度的专制,而且他用音乐号召人们为自由和幸福而斗争。

贝多芬在创作中走完一生,最后一次公开露面前后,他已患了肝病,时间就在病情益渐严重的日子里度过。他那即将远离尘世的心灵，反而趋于宁静。这时贝多芬好像在稀薄、纯净的高空中，俯视自己即将离开的世界。这期间，他写作了5首最后的弦乐四重奏曲，这些室内乐是他最后的作品，也是贝多芬留给世人的遗嘱。他对万世证明痛苦是可以克服的，自信、自强可以战胜命运，永不服输的精神更是支撑了他的伟大人格。

不服输是一种不屈不挠的精神，是一种自信的体现，更是成功的意志保障。要成功，首先要不气馁、不甘心、不认输……这样，你才可能最终取得成功。

困难和挫折可以把人吓倒，使人唉声叹气，退缩不前；也可使人精神振奋，经受磨炼，增长才干，增强意志，就看你如何看待。只有能面对困难和挫折而毫无惧色的人，才能到达成功的顶峰。青少年想要有所成就，一定要有这种不怕失败，不怕挫折，百折不挠的顽强战斗精神。

为了目标而坚信、坚强

贝多芬一生中，遭受贫困、疾病、失意、孤独等种种磨难，其中最大的磨难是耳聋给他带来的痛苦。但是对于这些磨难和挫折他没有屈服，当贝多芬的耳聋越来越严重，到最后甚至连一点声音都听不见的时候，他仍进行着创作。

他用敏锐的观察力来感受人类、社会和大自然。为了起草一部曲子，他经常花几个月甚至几年的时间反复推敲，精心锤炼。例如《第五交响曲》的创作，他就花了8年的时间。

贝多芬在给他的兄弟卡尔和约翰的信中倾诉了耳聋给他带来的莫大的痛苦以及他战胜疾病的决心："在我身旁的人都能听到远处的笛声，而我却听不到，这是何等的耻辱啊！这样的情景曾把我推到了绝望的边缘，几乎迫使我结束了自己的生命。但是，我的艺术，只有我的艺术要我活下去。"

贝多芬在这种困境中曾大声疾呼:"我要扼住命运的咽喉,它不能使我完全屈服!"为了艺术,他坚信自己能够坚强起来。他放弃了平庸的私欲,战胜了一切不幸。

当然,认定目标坚持下去、百折不回的精神,与灵活应变、及时调整目标、及时改变行为方向的做法并不矛盾。因为人对自己和外界环境条件的了解往往有一个过程,当碰到挫折时,经过冷静分析,如果确认原定目标不很符合当时的主客观条件,也可以将目标作适当的调整。不服输的精神是强者的品质,青少年就应该具有这种"倔强"的精神。

第 6 章

谦虚人生：虚己者进德之基

"谦虚使人进步，骄傲使人落后"，谦虚谨慎不仅是一种学习的态度，更是一种为人处世的态度。一个人的成名与成功不是偶然的，除了他自己的奋斗、拼搏外，他虚心好学的态度也起着很大的作用。古往今来，许多名人志士都具有谦虚的美德，他们乐于以彼之长补己之短，从而不断完善自己。

第一节　刘备
——以礼待人取益州

刘备，字玄德，东汉末年幽州涿郡涿县（今河北省涿州市）人。西汉"中山靖王"刘胜的后代，三国时期蜀汉开国皇帝，政治家，史家又称他为"先主"。

刘备早期颠沛流离，投靠过多个诸侯，后于赤壁之战与孙权联盟击败曹操，趁势夺取荆州，而后进取益州，建立蜀汉政权。陈寿评刘备孙权干略不及曹操，却因其弘毅宽厚，知人待士，百折不挠，终成帝业。刘备自己也曾说："每与操反，事乃成尔。"

公元221年，刘备在成都称帝，国号汉，年号章武，史称蜀或蜀汉，占有今四川、云南大部、贵州全部，陕西汉中和甘肃白龙江一部分。公元223年，刘备病逝于白帝城，终年63岁，谥号昭烈皇帝，庙号烈祖，葬惠陵。

刘备以礼待人取益州

三国时期的刘备，就是因为对待来客以礼相待，竟没有费一兵一卒就占取了益州，得到了意想不到的收获。

东汉兴平元年（公元194年），益州牧刘焉得重病去世，朝廷下诏书，刘璋继位。刘璋性格软弱，没有主见，只是人云亦云、随波逐流。驻守在汉中地区的张鲁对刘璋非常不满意，不肯依附刘璋。一怒之下，刘璋杀了张鲁的母亲和弟弟，从此和张鲁结下了仇恨。接下来，刘璋几次派人攻打张鲁，都是大败而归。此外，刘璋内部又发生了兵变，局势非常复杂。

当时曹操正在征讨荆州，平定汉中，刘璋就想借助曹操之力讨伐张鲁。这天，刘璋得到消息，张鲁要领兵夺取西川。刘璋心中非常着急，就召集众谋臣商量对策。益州别驾张松毛遂自荐说："主公放心。我去求见曹操，请曹操出兵对付张鲁，定叫张鲁不敢发兵征讨西川。"

于是，刘璋命张松为使臣，带上金银珠宝、锦缎丝绸等贵重物品，去拜见曹操。谁也没有想到，张松是另有打算。他私下里画了一张西川的地图藏在身上，然后便赶往许都。

张松到许都后，每天都到相府去求见曹操。但曹操却不把张松当成客人，更没有以"来者都是客"的待客之道款待张松。直到第3天，才随随便便地接见了张松，还向张松示威。

张松心里很不痛快，他回到住处，本想当晚就收拾行装回西川，但是想到荆州的刘备待人仁义，不如去他那里试试。抱着试一试的想法，张松去见了刘备。

张松骑马刚到荆州附近，就有一名将领前来迎接。经了解，正是刘备的大将赵云，特意前来迎接。赵云将张松领到事先安排好的客店，酒宴招待。

张松心里一阵惊喜，暗自说道："刘备为人仁义，我这次前来，定不会空手而归。"

第二天早上，赵云陪同张松上马继续前进，刚走出四五里路程，只见来了一队人马。原来是刘备带着诸葛亮等亲自前来迎接张松，这使张松更加受宠若惊。

张松赶忙下马拜见，刘备毕恭毕敬，如见贵宾一般说道："久闻先生大名，今日得见，是我的荣幸啊！"

张松随刘备入荆州城，刘备设宴款待。在宴席间，张松问："皇叔除了占守荆州，还有几个郡？"

诸葛亮说："荆州是借东吴的，早晚都要归还。"

张松非常疑惑："东吴已经占据六郡八十一州，难道还不知足吗？"

刘备自谦了几句。张松继续说："您是汉室宗族，仁义四海皆知。不说占据州郡，即便代替皇帝治国也不过分。"

刘备赶忙连连摆手说："您太过奖了，我怎么敢当啊！"宴席间气氛融洽，大家随意地各抒己见，都没有提到西川的事情。就这样，刘备每天宴请张松，以贵宾之礼相待。

3 天之后，张松准备启程回蜀，向刘备告辞。刘备在十里长亭设宴送行，只见他举起酒杯敬张松："承蒙您不把我当作外人，畅谈了 3 天。今天分别，不知道什么时候才能再听到您的教诲啊！"说罢，竟然泣不成声。

张松非常感动，对刘备说："您如此诚心待我，我也应该知恩图报。目前形势，荆州东面有孙权，背面有曹操，此处不是久留之地啊！"

刘备说："我明白，但是没有别的安身之处，也没有办法啊！"

张松接着说："益州土地辽阔、国富民强，智谋之士也仰慕您的为人。假若您带领荆州军民长驱西川，不仅可以大业告成，还可以兴复汉室。如果您真有意夺取西川，我张松愿效犬马之劳，不知您的意见是什么样的？"

刘备谦让称谢："我非常感谢您对我的厚爱，但是刘璋与我同一宗室，假若攻打他，恐怕天下人都要唾骂我！"

张松说："大丈夫活在天地间，应该首先考虑建功立业之大事。你若不取，必为他人所夺，后悔就晚了。"

刘备叹气说："我听说蜀道非常艰难，车马都不容易通过，想要夺取也没那么容易！"

于是，张松把西川地图拿了出来，递给刘备说："皇叔开明仁义，而我也并非卖主求荣。能遇到您这位英明之主，我不得不说，刘璋虽然有益州，但他天性懦弱，不能善用贤人，且张鲁时刻想进攻侵犯，导致益州人心不齐，希望能遇到贤明的主公。而曹操傲慢自负，更不能礼贤下士。只有皇叔您以礼相待，我愿献西川地图，辅佐皇叔，共谋天下大事。"

刘备和诸葛亮展开地图查看，地图上详细写明了行程路线，险要峡谷、官府重地以及仓库钱粮都做了明显的标注。刘备和诸葛亮觉得时机已经成熟，向张松连连道谢："青山不老，绿水长存。来日事成，定将厚报。"

张松说："遇到明主，还能如此礼遇我，哪需要什么报答啊！"说完就告别启程了。刘备、诸葛亮又让赵云等人亲自护送张松离开，直送到十里之外才返回。

刘备按照张松提供的情况，并依靠张松的内应，顺利地占据了益州，才算真正地立稳了脚跟。从此，向三分天下迈出了一大步。

以上的故事告诉我们，无论你的身份尊卑、地位高低，待人都要真诚以礼。交朋友的方式有很多，但交心才是待人的最高境界。与人相交就要真心实意，这样的情谊才可以长久牢固。

刘备之所以取得成功，正是因为在面对张松时，不仅派车马相接，更是亲自在门口相迎。礼仪至此，让张松觉得如此礼貌仁义之人定能给天下百姓带来福音，更会知人善任成大事，所以甘心为刘备所用。反过来看曹操，他不仅傲慢无礼，更是目中无人，没有领受张松的心意从而与西川失之交臂。

谦虚恭谨，以"礼"服人

"礼"是我们中华民族传统美德，它是几千年文化积累与沉淀的结晶。早在古代的时候就有"五礼"之说，即：吉礼、嘉礼、宾礼、军礼，凶礼，直到《仪礼》《礼记》《周礼》"三礼"的出现，才标志着我国礼仪发展到了成熟阶段。

后来，礼仪开始与封建伦理道德说教相融合，即礼仪与礼教相杂，成为实施礼教的得力助手之一。"行礼为劝德服务，繁文缛节极尽其能"，逐渐地，"礼"成了人们的一种行事工具。延续下来的如"礼多人不怪""礼尚往来""以礼待人"等谚语已经成了做人的基本准则。

实践证明，"礼"在人们的日常生活和商业交往中确实发挥着不可替代的作用。比如我们就有一条传统的居家礼仪——来者都是客，论亲朋邻居、熟人陌客，来到自己家里，都要以礼相待，给来者以温暖舒适的感觉，在客气和谐的气氛中了解来者的造访意图；在不清楚来者的意图之前，切不可傲慢无礼，导致自己"损失"惨重。

刘备"三顾茅庐"的故事可以说是家喻户晓。正是这种谦虚的姿态，才使他得了卧龙诸葛亮这个得力军师，助他打下了半壁江山。

古今中外成大事者，无一不是懂得礼貌、态度谦和之人。只有真正地礼遇他人，才有可能得到他人的"回礼"。以"礼"服人，不论在什么时候都不会过时。只有处处以礼待人，收获的才有可能比付出的更多。

在当今社会的人际交往中，无论是亲朋好友还是熟人陌客，既然对方亲自登门拜访，无论他的意图如何，作为"主家"，我们都要以礼待人。尽地主之谊，倒杯茶、吃顿饭，表示我们的一份诚意。

作为当代的青少年要待人以礼、待人以诚，这样才能得到别人的认可，从而在纷繁复杂的社会中占据属于自己的一席之地。反之，没有良好道德修养的人，只会遭到别人的唾弃，根本无法得到真正的朋友，更不会有所作为。

第二节　刘邦
——谦虚谨慎得拥护

汉高祖刘邦，字季，秦泗水郡沛县丰邑中阳里（今属江苏丰县）人。西汉王朝的建立者，他于公元前202-公元前195年在位。刘邦秦末时为地方小吏，任泗水亭长。他先响应陈胜起义，称沛公，隶属项梁，经常与项羽并肩作战，在公元前206年分兵。刘邦向西取南阳、武关攻秦，项羽领兵北上救赵。刘邦先项羽一月入关，秦土子婴投降，刘邦自称应为关中士，与秦民约法三章，废秦苛法。随后项羽入关，大封十八王，刘邦被封为汉中王。不久楚汉战争爆发，经过4年争战，汉胜楚败，刘邦即帝位，建立汉朝。在位期间，继承秦制，实行中央集权，先后消灭了韩信、彭越、英布等异姓诸侯王，大封同姓诸侯王以屏藩。又推行重农抑商与黄老无为政治，与民休息，参照秦律制定了《汉律》九章。这些措施有利于政权巩固和恢复遭受战乱的残破经济，并使汉朝保有几百年的基业。

刘邦谦虚谨慎得拥护

"谦虚使人进步，骄傲使人落后"，谦虚谨慎不仅是一种学习的态度，更是一种为人处世的态度。一个人的成名与成功不是偶然的，除了他自己的奋斗、拼搏外，他虚心好学的态度也起着很大的作用。

古往今来，许多名人志士都具有谦虚的美德。他们虚怀若谷、不耻下问，因而在事业上取得了巨大的成就。谦虚是人的思想修养，能让一个人更好地认清自己，其核心是善于发现自己的短处和别人的长处，乐于以彼之长补己之短，从而不断完善自己。

公元前 202 年 1 月，刘邦率领韩信、刘贾、彭越、英布等各路汉军约计 70 万人，与 10 万久战疲劳的楚军于垓下（今安徽灵璧县南）展开决战。楚军大败，项羽自刎于乌江（今安徽省和县境），为期 4 年的楚汉战争终于结束了。

刘邦兑现了先前的诺言，封韩信为楚王，彭越为越王。受封的韩信和彭越联合原来的燕王臧荼、赵王张敖以及长沙王吴芮共同上书刘邦，请他即位称帝。2 月 28 日，刘邦在山东定陶汜水之阳举行登基大典，定国号为汉。

同年 6 月，刘邦在洛阳的南宫开庆功宴，招待群臣，和大家总结汉军取胜的经验和楚军失败的教训。

谋士高起、王陵说："陛下派人攻城略地，所招降攻占的地方就分给原来的守城之将，能与天下人利益相共；而项羽嫉贤妒能，有功的加以陷害，贤能的受到怀疑，打了胜仗不论功行赏，取了土地不与分利，这就是他失去了天下的原因。"

刘邦说："你们只知其一不知其二。朕一介草民，起事时仅区区一驿亭亭长，多次身陷险境，濒临灭亡。之所以能获取天下、立朝建国，并不是我有什么超人的本领，更不是有什么神灵保佑，其实最大的功劳是你们，尤其是子房、萧何和韩信三人。"

"为什么这么说呢？"高起问道。

刘邦回答："在帷帐中运筹策划，决胜千里之外，我不如子房；镇守国家、安抚百姓、供给军粮、畅通粮道，我不如萧何；率兵百万，战必胜、攻必克，我不如韩信。这三个人都是人中俊杰，我能任用他们，处处礼待像张良、萧何、韩信这般能人，信任他们，使他们充分发挥自己的才能，所以才得了天下。"

接着刘邦又说道："而项羽却相反，他认为自己了不起，看不见别人的才能。其实他手下也有许多有才能的人，由于他容不得人，有的跑到我这里来了，有的销声匿迹了。连范增这样有本事的人都不予重用，所以就失去了天下。"

刘邦不把建立政权的功劳记在自己身上，而是充分肯定"三杰"的重大作用。这种"三不如"的谦虚求实的精神，不仅彰显了他的广阔胸襟和气度，而且教育了文武百官不应只求虚名，更应该明白"谦受益，满招损"的深刻含义。只有谦虚，才能受到众人的爱戴。

谦虚不只是一个人做事的态度，对于管理者来说，那更是一种管理的智慧。人都是感性动物，都喜欢那种做事谦虚、知道推功揽过的人，与这样的人共事会有一种成就感。但实际上，这样的人才是最聪明的，因为他们凭着自己谦虚的态度而赢得了他人的尊重，从而更广泛地获得了人心。

谦虚是一种务实的精神，更注重的是脚踏实地地做事。人只有保持谦虚谨慎的态度，才能更好地融入人群中去，才能获得别人的认可和尊重，从而以威信取得成功。谦虚的人，因为看得透，所以不躁；因为想得远，所以不妄；因为站得高，所以不傲：因为行得正，所以不惧。无论在生活还是工作中，我们都要有谦虚的精神，脚踏实地地去做每一件事。

不忘谦卑，以身作则

刘邦做了皇帝之后，仍然保持着平民的本性。做了皇帝的刘邦，处理军国大事之余，还是五天一次向父亲刘太公请安问好，如普通百姓人家父子般行礼。在太公家令建议下，尊太公为太上皇，才解决了高祖"人主拜人臣""威重不行"的问题。

父亲刘太公被接到长安后，因为见不到少年时代那些屠贩朋友，买酒吃饼，斗鸡蹴鞠，很是郁闷。刘邦于是照老家丰县原样，在长安附近修建了一座城镇——后来被叫作新丰，接来父亲的所有老朋友，住到那里。

丞相萧何奉命修建未央宫，修成之日，刘邦见宫阙壮丽，十分生气，怪萧何太铺张浪费了。听过萧何"非壮丽无以重威"的解释之后，这才转怒为喜。

做了皇帝的刘邦，竟然还屡次亲率军队出征。其中，汉高祖七年征讨白土、曼丘臣、王黄立故赵将赵利为王造反那次，天寒地冻，有 20%-30% 的士兵都被冻掉了手指。刘邦自己也在平城被匈奴军队围困了整整 7 天，差一点死在那里。

汉高祖 12 年，在追击叛将黥布的时候，刘邦为流矢所中。最后，又因拒绝吕后所延请良医的治疗，丢了性命。可见，战场之上，刘邦是亲冒矢石。

刘邦作为一代帝王，可以放下自己的身份地位，谦卑地对待老父，对于军国大事亲力亲为，难怪受到大臣和百姓的拥戴。

生活中，我们也应该低调谦虚，以柔克刚。我们常常能看到有人因为言语过激而拳脚相向，其实，越是这样就越无法解决问题。以暴制暴，只会让问题变得更加复杂，更加难以解决。这时候，我们要选择"柔软"的方法缓解斗争。所谓的"柔中藏刚"既是一种性格，是一种世界观，同时又是一种分析和处理问题的手段。

"柔道"有一种水的精神，水善利万物而不争。"柔道"也是如此，用迂回的方式得到人心，让所有人归附。现实生活中与人相处，只有善用"柔术"，才会得到他人的认可。

第三节　晋周

——谦逊有礼荣登帝位

晋周，即晋悼公，春秋中期晋国杰出的君主，年轻而又优秀的政治家，晋国霸业的复兴者。

晋悼公为晋襄公曾孙，晋襄公欢生幼子桓叔公子捷，桓叔生惠伯公孙谈，惠伯生悼公周，按照辈分，当为晋厉公之侄。按晋国"不蓄群公子"之国策，桓叔未继君位，当安置于国外，故襄公这一苗裔便寄于成周雒邑。悼公即位前，称"孙周"，时人尊称其"周子"。孙周在雒邑，虽然年幼却颇有贤名，据说有"争国之望"，以至于受到晋厉公的猜忌。栾书为诬陷郤至，说其敌通楚国，晋厉公尚能忍受；言其亲于孙周，晋厉公则立刻对郤氏痛下杀手。可见，当时毫无权势的周子早已在天下诸侯之中声名鹊起。

谦逊有礼成帝业

古人说："不学礼，无以立。"意思就是，你不学"礼"，就无法在这个社会上立足生存。那么，什么是礼呢？简单地说，礼就是律己、敬人的一种行为规范，是表示对他人理解和尊重的一个形式和过程。

"礼"是儒学创始的中心思想，孔子一生都在推崇"礼"。于丹在她的《论语心得》里这样解释：孔子很重视日常生活中的礼节，他尊礼、守礼、行礼，并不是做给别人看，而是一种自我修养。孔子曾说"为国以礼"，意思就是说治理一个国家的核心点就是要用礼。而以礼去治理一个国家，首先你的内心是要温良恭俭让的，这是一个起点。而孔子一生的成就与他的修为是分不开的，能达到那样一个境界，足以说明"明礼修身"的重要性。

修身齐家治国平天下，这都与"礼"紧密相连，齐家、治国、平天下的前提是修身。在这样的一个过程当中，除了学习文化知识，更重要的还有学习做人的道理。只有不断地完善自己，才能使品德变得高尚；只有不断自省，虚心向身边的人求教，才能在为人处世上让自己更完美。

故事的主人公晋周就是一个懂得明礼修身的典型人物，他正是拥有了这种优良的品质，才赢得了大家的尊重，最终成就了自己的一番伟业。

晋周是春秋时期晋国国君晋襄公的曾孙，他的爷爷是晋襄公的小儿子桓叔公，父亲是惠伯公孙谈。晋周生不逢时，当时，晋国国君晋献公宠信骊姬，晋国很多公子都遭到了残酷的迫害。晋周虽然没有争立太子的条件，更没有继位的希望，但也没能幸免。为了保全性命，晋周一家离开了晋国来到周国。

当时的晋国是大国，而晋周又是以晋公子的身份来到周国的，所以受到了格外的礼遇。以前晋国的公子在周朝由于自许高贵、目中无人，所以名声一直不好。但是晋周却不同，他的行为举止完全不像贵公子，他为人低调，并且时时虚心地向单襄公学习请教。

单襄公是周国有名的大夫，学问渊博、待人宽厚，是周天子和各国诸侯王公都很敬重的人物。每当单襄公与天子王公相会议论朝政时，晋周总是毕恭毕敬地跟在他的后面。有时一站就是几个小时，从来没有一丝厌烦情绪和倦意。没有问他的话，他从不多嘴多舌；即便他人询问也是谦虚谨慎地回答。所以王公大臣们都夸奖晋周站有站相、坐有坐相，谦虚有礼，是一个少见的谦谦君子。

晋周之所以修得这么好的品行，都是因为他经常虚心向单襄公请教，学习为人处世之道的结果。当时晋国连年战乱，朝野动荡不宁，晋周虽然身在周国，但仍然时刻关心着晋国的情况。一听到不好的消息，他就为晋国担忧流泪；一听到好消息，就兴高采烈。如此一来，也招致很多人的不解和质疑。对此，晋周解释说："晋国是我的祖国，虽然有人容不下我，却不是祖国对不起我。我是晋国的公子，晋国就像是我的母亲，我怎么能不关心呢？"

晋周在周国数年，一直注重自己的言行举止，无时无刻不是一副谦逊有礼的君子之态。在他身上从来没有不合礼数的事情发生，所以周朝的大臣都很爱戴他。在单襄公临终的时候，对他儿子说："要好好对待晋周，晋周举止谦逊有礼，是成大事的人，今后一定是晋国国君。"

后来，因为晋国国君晋厉公骄奢淫逸，自以为不可一世，遭到群臣不满。特别是中军元帅栾书，他建议由远在周国的晋周做晋国国君，理由是晋周明礼谦逊、德贤出众。这一建议得到了群臣的一致认可。就这样，晋周成为历史上的晋悼公。

晋悼公凭借自己的优良品行当上国君之后，依然保持着谦逊有礼的为人处世方式，把国家治理得井井有条。受到他的影响，所有大臣都学着谦逊礼让，发生在晋悼公时期的"集体谦让"事件最能说明这一点。

根据《左传》记载，公元前560年的绵上阅军，此次将帅调整最大的亮点就是赵武获得了上军主将的位置，在"六正"中位列第三，而栾黡依然是下军将。起初，晋悼公本来想让韩起为上将军，但韩起推荐赵武；又让栾黡为上将军，栾黡也谦让了，不过口气相当有意思："臣的本事还不如韩起呢。既然韩起愿意让赵武任此职位，还是按他的意见办吧！"于是赵武顺利晋升。

《左传》记载，由于这次集体谦让事迹，晋国的民众关系变得非常和谐，各国诸侯之间也变得十分和睦。

晋周的谦逊有礼是中国传统美德的体现，他用自己的实际行动践行了这一做人准则，从而赢得了人心，受到了尊重，取得了别人的信任，最终君临天下。这一切足以说明，只有不断修炼自己品行的人，才能为自身创造更多的机会，从而达到事业的顶峰。

正所谓"以礼治国"，这种"礼"就是为了维护上层的统治：在统治者内部，"礼"可以防止和调节矛盾；而对下层人民来说，"礼"既有慑服之威，又有收罗人心之用。而"明礼成才"中的"礼"则是讲既要学习还要实践，把它运用到实际生活中去，用理论联系实际才会做得更好。也就是说，不光要以理服人，更要以"礼"待人，这是我们做人的标准和成长的尺度。所以，学习礼仪不仅可以内强个人素质，外塑人格魅力，更能润滑和改善人际关系，最终帮助自己走向成功。

注意修身明"礼"

有一次，孔子带着几个学生到庙里去祭祀，刚进庙门就看见座位上放着一个引人注目的"器"，据说这是一种盛酒的祭器。学生们看了觉得新奇，纷纷提出疑问。孔子没有回答，却问寺庙里的人："请问您，这是什么器具啊？"守庙的人一见这人谦虚有礼，也恭敬地说："夫子，这是放在座位右边的器具呀！"

于是孔子仔细端详着那器，口中不断重复念着："座右"、"座右"，然后对学生们说："放在座位右边的器具，当它空着的时候是倾斜的，装一半水时，就变正了，而如果装满水，它就会倾覆。"听了老师的话，学生们都以惊异的目光看着他，然后又看着那新奇的器。

孔子看出大家的心思，和蔼地问大家："你们有点不相信吗？

咱们还是提点水放到器里试试吧！"说着学生们就打来了水。往器里倒了一半水时，那器具果然就正了。孔子立刻对他们说："看见了吧，这不是正了吗？"大家点点头。他又让学生继续往器具里倒水，器具中刚装满了水就倾倒了。孔子赶忙告诉他们："倾倒是因为水满所致啊！"

那位直率的子路率先发问："难道没法子让它不倾倒吗？"孔子深深地望了大家一眼，语重心长地说："世上绝顶聪明的人，应当用持重来保持自己的聪明；功誉天下的人，应当用谦虚保持他的功劳；勇敢无双的人，应当用谨慎保持他的本领……这就是说要用谦虚的办法来减少自满。"学生们听了这含义深刻的话语都被深深地打动了。

谦虚知礼，是为人处世的基本道德规范。一个人能取得多大的成就，从他的一言一行中就能体现出来。待人以礼、谦虚谨慎的人，总是能逢凶化吉，遇难成祥，往往为自己的发展加分；反之，如果一个人无德无能、举动不专，必然会自食恶果，成为人人唾弃的对象。就好像晋周以谦逊重礼得了天下，而前晋国国君却因骄奢淫逸而失了本属于自己的天下。

一个人时刻注意修身明礼，注意自己的品行，不仅会让身边的人喜欢你，更能为自己提供便利。遇到困难的时候，肯定会有很多人愿意伸出援助之手，慷慨解囊，让你平安顺利地渡过难关。可以说，谦逊有礼就是广结善缘的基本条件，它不仅能让你善有善报，而且更能让今后的道路越走越宽，直至走向最后的成功。

第四节　武则天
——虚心纳谏安天下

武则天，名武曌，并州文水（今山西文水县东）人。中国历史上唯一正统的女皇帝，也是即位年龄最大（67 岁即位）、寿命最长的皇帝之一（终年 82 岁）。武则天 14 岁入后宫为唐太宗的才人，唐太宗赐号媚娘，唐高宗时初为昭仪，后为皇后，尊号为天后。与唐高宗李治并称二圣，683 年 -690 年作为皇太后临朝称制，后自立为皇帝，定洛阳为都，改称神都，建立武周王朝。神龙元年（公元 705 年）正月，武则天病笃，宰相张柬之发动兵变，迫使武氏退位，史称神龙革命。唐中宗复辟，恢复唐朝，上尊号"则天大圣皇帝"，后遵武氏遗命改称"则天大圣皇后"。

武则天虚心纳谏安天下

如果想要招揽到人才，不仅要身体力行，更要攻心为上，善于揣摩对方的心理，从而让对方更好地为自己做事。不要认为别人为你死心塌地做事是理所应当的，你更要懂得关爱，并为下属付出，才会收获到最好的效果，作为君王更是如此。

管理是需要智慧的，"威严"作风和实际"姿态"是需要很好地协调的。要想成为一个让员工心悦诚服的上级，必须从能够放下架子、放低姿态，虚心听取建议入手，才有可能擦出和谐的"火花"。善于听取别人不同的意见，把别人的监督看成是反射自己的一面镜子，这才是管理的最高境界。

中国唯一一位女皇帝武则天当政时，想把自己的亲人武三思立为太子。对此，朝廷上下都非常不满，但是却没有人敢站出来说话。只有宰相狄仁杰上前一步拱手说道："臣夜观天象，发现上天并没有厌弃唐朝。当匈奴率兵压境时，陛下派梁王武三思在市口招募兵士，1个多月的时间招到的只有不到1千人。而庐陵王李显取代梁王武三思后，不到10天时间就招到了5万人。现在能继承皇位的只有庐陵王李显，请陛下三思。"武则天听后大怒，立即停止了议事，拂袖而去。

过了不久，武则天又传召狄仁杰等人问："朕几次梦见双陆不胜，这是什么意思？"

这时，狄仁杰和王方庆都在，二人回答说："双陆不胜就是无子的意思，上天的意思是让陛下提高警惕。太子本来是天下的根本，如果根本一动摇，那么天下就危险了。先帝卧病在龙榻的时候，曾下令让陛下监国。自那时算起，陛下高居帝位已经十多年了，一直想让武三思继承王位。但是依天下百姓看来，姑侄与母子相比较，哪一个更为亲近？陛下如果立庐陵王李显为太子，那么千秋万代之后能永远享受宗庙的待遇，反之，如果立武三思为太子，就肯定不会享受到宗庙的待遇了。"

武则天听完后也有所感悟，当天就派遣徐彦伯把房州庐陵王李显迎接回来。李显回到宫中后，武则天把他藏匿在帐中，然后召见狄仁杰谈起李显的事情。狄仁杰慷慨陈词，边说边泪流不止。随后，武则天让李显从帐中出来，说："还你太子！"

狄仁杰忙跪拜磕头，又进一步说："现在人心惶惶，没有人知道太子归来，怎么能够让众人相信呢？"武则天认为狄仁杰的话有道理，便再一次听从了建议，下令太子住在龙门，自己亲自备礼迎回。一时间，举国上下，万民欢腾。

表面看来，武则天的改变是因为狄仁杰在规劝武则天复唐嗣时不仅晓之以理，更是动之以情，最终让武则天回心转意，把这天下一统的江山归还给唐嗣血脉。然而细究起来便会发现，武则天才是深谙管理的智者。

明智的人们信奉这样一句格言：在事物抛弃你之前先抛弃它们。生活中，经常会遇到劝阻别人时被对方无情拒绝的情况，人与人之间的关系也就渐渐走向了死胡同。这时，我们不妨换一个角度，虚心听取别人的意见，拉近与别人的距离，这样一来，问题往往就会迎刃而解了。

"无字石碑"的深意

武则天死后立了一座没有任何字迹的石碑，许多人对这块石碑有着不同的猜想。但是归结起来，关于武则天要立无字碑主要有三种猜想：第一，武则天认为自己的功绩不是用文字就可以表达出来的；第二，注重武则天过失的人认为，"无字碑"上之所以没有字迹，是因为武则天知道自己罪孽深重，还是不写碑文较好；第三，对武则天历史持中立态度的人认为，武则天很聪明，她为自己立"无字碑"是把是非功过留给后人去评说，这是最好的方法。对于这几种说法，比较中肯的应该还是第三种说法。

无字碑在一定程度上表明了武则天低调谦虚的姿态，她不称颂自己的丰功伟绩，而是留给后人去品评。

武则天的这一生，有值得肯定的地方，也有应该否定的地方，但无论如何，她毕竟是我国古代唯一的女皇帝。在那个年代，要想跟男人们平起平坐，她别无选择。残忍与聪明，疯狂与冷静，在她的身上得到了完美而又惊人的结合。她也用事实证明了她超人的治国才能，她当政的年代，社会得到了发展，经济增长也比较迅速。

武则天不是历史上唯一一个独揽大权的女人，前有西汉的吕雉，后有慈禧太后，但吕后和慈禧的政绩都是远远比不上武则天的。我们应该正视历史，客观地评价这位历史上的女皇帝。

第五节　朱祁钰
——谨慎抉择晚登基

明代宗（明景帝）朱祁钰，汉族，明朝第 7 位皇帝。明宣宗朱瞻基皇二子，明英宗朱祁镇弟，于明英宗因土木堡之变被蒙古瓦剌军俘去后继位，重用于谦等人，组织北京城保卫战，打退了瓦剌的入侵。即位后整顿吏制，使吏治为之一新。他在位 8 年，病中因英宗复辟，被废黜软禁于西苑，1 个多月后去世，享年 30 岁。宪宗时尊其谥号为恭仁康定景皇帝，史称明景帝。葬于北京市郊的金山口，明朝诸藩王的墓地。南明时加谥符天建道恭仁康定隆文布武显德崇孝景皇帝，庙号代宗。

朱祁钰谨慎抉择晚登基

我们常说，鱼和熊掌不可兼得。在如何选择取舍面前，我们都应该慎重地考虑，以免做出错误的决定使自己后悔。在生活中，更应该学会慎重地放弃，放弃并不意味着失败，也不意味着失去了斗志。慎重地放弃是为了更好地获得，如果只想一味索取，往往是希望越大，失望越大。

适当地放弃不是每个人都能做到的，这是一种境界。每个人都应该努力去学习、去修炼，谨慎衡量，明辨利弊，慎重选择，才能让今后的人生更加完美。

明英宗皇帝懦弱无能，又昏庸腐败，他身为皇帝，却终日不理朝政，让朝廷的军政大权落入了太监王振的手中。

1449 年 7 月，太监王振为了扩充自己的势力，极力怂恿明英宗出兵征讨蒙古。朝下众臣坚决反对，明英宗却是不管不顾，毅然接受了王振的意见，亲自率领 50 万大军北征蒙古，留守京城的只剩下明英宗的同父异母的兄弟郕王朱祁钰。

事实上，明英宗根本不了解蒙古的情况，而他自己又妄自尊大、独断专行。果然，明英宗连战连败，导致最后退守土木堡，被蒙古军队团团围住，不久被活捉，而王振也当场被杀。

消息传到明朝都城（现在的北京），朝野上下陷入了极度恐慌之中，朝臣们一时间不知所措。皇太后下令由郕王出来主持局面，郕王马上召集众位大臣共同商讨对策，大臣们意见不一。徐钰强烈建议迁都，于谦则极力主张保卫京城。经过慎重地权衡利弊之后，最后郕王决定命于谦守城。

郕王任命于谦为兵部尚书，总揽兵权。于谦首先把引起"土木堡事变"的祸首王振抄家灭族，并把他的亲信召集到朝廷之上当场处死，以此平了民愤。紧接着，又簇拥众臣把一直被拥戴的郕王推上了帝位，即景泰帝，遥尊英宗为太上皇。

这样一来，蒙古这边犯难了。因为俘虏英宗的目的只是想以其作为人质，来逼迫郕王投降。可是情况发展到现在，如果自己提出要求，不但会被郕王拒绝，而且在还会遭到登上帝位后的郕王的报复。眼看自己的想法无法得逞，蒙古王情急之下便率兵攻打北京。不堪受辱的明朝兵士奋勇抗敌，取得了北京保卫战的胜利。

蒙古王知道自己的阴谋无法得逞，被迫于第二年释放了英宗。

"小心驶得万年船"，"小心"的具体含义就是细致谨慎、不急躁冒进，就是多思多想、稳重认真，谨慎是降低错误的前提，是做事成功的保障。郕王的成功就在于他做事懂得谨小慎微，知道如何在利与弊之间进行选择。

在"土木堡之变"发生后，明朝上下一片混乱，他们有人主张南迁，有人选择抵抗，甚至还有人主张投降。但是，郕王有一个冷静的头脑和一份谨慎做事的心智。攘外必先安内，在这千钧一发之际，他内心明白孰重孰轻。经过谨慎抉择之后，当机立断，下令整治后方，极力保卫北京，最终取得了北京保卫战的胜利，彻底粉碎了蒙古的阴谋。如果郕王被众多建议干扰，不懂得放弃没用的建议，最后也就无法做出正确的判断，守护京城的胜利更是无从谈起了，这就是谨慎抉择的重要性。

我们在做出每项抉择之前都须慎之又慎，要有自己的主见，更要进行合理的分析。懂得在关键时刻放弃一些次要矛盾，抓住主要矛盾，从而做出正确的判断，通过实际的解决办法走向成功。

人的精力是有限的，不可能面面俱到。人生总会遇到各种各样的选择，这就需要你在慎重考虑后做出适当的取舍。在你做抉择的时候一定要谨小慎微，切不可轻易为之，往往好运与厄运就取决于我们是谨慎小心还是鲁莽草率。

三思而行，谨慎从事

一条年轻力壮的鱼落在渔夫的网里。为了冲破这该死的罗网，这条鱼拼死挣扎，它用嘴吮，用牙咬，用头撞，终于弄松了拈丝，挣破了网，逃出了可怕的牢笼。

"啊呀，"鱼说，"总算逃出来了！从今以后，我一定谨慎小心！谁能再捉住我，算他伟大英明。不过，吃点东西可另当别论。瞧，一条线拴在木杆上，正在波浪上浮动！如果我没有弄错，那是面包，分量还不轻！我要吃掉它！"

鱼不假思索地扑向了一个充满诱惑的鱼饵。它刚刚逃出渔网，又吞下了鱼钩。

当然，这是一个寓言故事，而它又不仅仅是一个故事。人类常常这样，为了满足疯狂的胃口，找到各种各样"完美"的借口，犯下一个又一个错误。

在现实生活中我们绝对不能大意莽撞，三思而行的人，才是世界上最聪明的人，这句话也成为从古至今不少志士名人教育后人的一句至理名言。就好像朱祁钰的静待时机，获得帝位。可以说，谨慎是人类几千年来一条成功的做人经验。

每当做出决定的时候要考虑到方方面面的情况，谨慎从事，这样才能让决定尽可能地不出现纰漏。那些草率的人总会无目的地奋斗，没有确定目标，最后只能接受失败的结局。在做事过程中与其出现问题再被迫悬崖勒马，不如在事先就做好规划，谨慎行事，把失败的系数控制到最小。

第六节　萧何
——为人谨慎保性命

萧何，汉族，沛丰人。早年任秦沛县狱吏，秦末辅佐刘邦起义。攻克咸阳后，他接收了秦丞相、御史府所藏的律令、图书，掌握了全国的山川险要、郡县户口，对日后制定政策和取得楚汉战争胜利起了重要作用。楚汉战争时，他留守关中，使关中成为汉军的巩固后方，不断地输送士卒粮饷支援作战，对刘邦战胜项羽、建立汉代起了重要作用。萧何采撷秦六法，重新制定律令制度，作《九章律》。在法律思想上，主张"无为"，喜好"黄老之术"。高祖十一年（公元前196年）又协助高祖消灭韩信、英布等异姓诸侯王。高祖死后，他辅佐惠帝。惠帝二年（公元前193年）卒，谥号文终侯。

审时度势，慎择明主

司马迁《史记》"萧相国世家"一篇载："萧相国何者，沛（郡）丰（邑）人也。以文无害，为沛主吏掾。高祖为布衣时，数以吏事护高祖。"

萧何年轻时到沛县（今江苏沛县）任功曹。他平时勤奋好学，思维机敏，对历代律令颇有研究。萧何生性勤俭节约，从不奢侈浪费。

《江南通志》载："萧何宅在丰县城东门北城下，其地最僻。"意思就是，萧何把房子建在丰县城内最偏远的地方。《史记》记载："何为不治垣屋，令'后世贤，师吾俭'。"意思就是萧何建房子不拉围墙，为的是让后代人学习他的节俭。

萧何性格随和，很善于识人，结交了许多好朋友。其中秦泗水亭长刘邦，捕役樊哙，书吏曹参，刽子手夏侯婴，还有吹鼓手周勃（名将周亚夫的父亲），由于他们年龄相近，性格相合，不久便成了莫逆之交。尤其是对刘邦，萧何对他另眼相看。他见刘邦器宇轩昂，风骨不凡，谈吐也有别于众人，是大贵之相，所以对他格外佩服，并曾多次利用职权暗中袒护他。

秦二世元年（公元前209年）7月，陈胜、吴广在大泽乡揭竿而起，举起了反秦的大旗，各地豪杰云集响应，天下大乱。此时的萧何仍在沛县当功曹，他和曹参、樊哙、夏侯婴、周勃等人时常聚会，密切注视着局势的发展，并暗中与在芒砀山中的刘邦保持着联系。

在陈胜、吴广起义的影响下，许多地方官吏也感到秦的暴政不能长久，于是也纷纷反叛朝廷，归附义军，保全自己。萧何任职的沛县与蕲州相近，沛县县令眼看烽火遍地，生怕丢了脑袋，于是找来萧何、曹参等人，秘商起兵之事。萧何建议道："你是秦朝官吏，沛县百姓恐难听你的话，欲图大事，非把逃亡的豪杰请回来不可。如此一来，沛县自可安如泰山了。"县令听罢，觉得有理。萧何就保举刘邦，请县令赦罪录用。县令最初觉得有些为难，其后转念一想，天下大乱，刘邦虽然有罪在身，只要他肯诚心助我，倒是合适人选。于是，县令便派人去芒砀山找回刘邦，共同起义。

也正是因为萧何的谨慎择主，才使得自己跟随刘邦为开创大汉基业立下了汗马功劳。在现实生活中，随时都有可能面临抉择，俗话说："谨慎不为过"，在做任何决定之前都应该慎重。谨慎并不是胆小怕事，更不是畏缩不前，它是分析利害，是三思而后行。要把事情的结果和可能出现的问题事先考虑清楚些，哪怕把事情的结果想到最坏处，然后采取相应的措施防止或避免最坏的结果发生。总之，谨慎是生活的一重保障。

萧何谨慎保性命

《中庸》载："君子戒慎乎其所不睹，恐惧乎其所不闻。莫见乎隐，莫显乎微，故君子慎其独也。"小心做人，人生未免太辛苦，可是现实中往往那些活得不尽如人意者更多的就是不在乎"小心"的人。《中庸》里把品德高尚的人描述为：在没有人看见的地方也是谨慎的，在没有人听见的地方也是有所戒惧的。越是隐蔽的地方越是明显，越是细微的地方越是显著，这样的人即使在一人独处的时候也是谨慎的，这就是"慎独"。就好像孔老夫子所谓的"瓜田李下"，帽子被李子树的树枝碰歪了，也不敢去扶一下。

众所周知，萧何是汉朝的第一任宰相，是辅佐刘邦创立汉室天下的第一大功臣。刘邦即帝位以后，论功行赏，就把萧何排为第一。可是，许多人并不知道，萧何如此忠心耿耿地跟随刘邦，但是最后还是被刘邦怀疑，险些丢掉了性命。

刘邦当上皇帝之后，大杀功臣，他又怎么能独独落下萧何一个人呢？萧何帮助吕后诛杀了韩信以后，终于消除了刘邦的心腹大患。后来，萧何被封为相国，很多人都来祝贺，萧何自己也非常高兴。

当天，萧何在府中摆酒庆贺，喜气洋洋。突然有一个名叫召平的人，穿着白衣白鞋，进来吊丧，萧何见状大怒。召平对萧何说："相国，您的大祸就要临头了。皇上在外风餐露宿，而您长年留守在京城，您既没有什么汗马功劳，又没有什么特殊的勋绩，皇上却给您加封，又给您设王卫队，这是由于最近淮阴侯在京谋反，因而也怀疑您了。安排卫队保卫您，这可不是对您的宠爱，而是为了防范您。希望您辞掉封赏，再把全部私家财产都捐给军用，这样才能消除皇上对您的疑心。"萧何最后听从了他的劝告，刘邦果然很高兴，对萧何的疑心也减轻了。

同年秋天，英布谋反，刘邦亲自率军征讨。他身在前方，每次萧何派人送军粮到前方时，刘邦都要问："萧相国在长安做什么？"使者回答，萧相国爱民如子，除办军需以外，无非是做些安抚、体恤百姓的事。刘邦听后总默不作声。使者回来后告诉萧何，萧何也没有识破刘邦的用心。

有一次，偶然和一个门客谈到这件事，这个门客忙说："这样看来您不久就要被满门抄斩了。"萧何大惊，忙问为什么。

门客说："您身为相国，功列第一，还能有比这更高的封赏吗？况且您一入关就深得百姓的爱戴，到现在已经十多年了，百姓都拥护您，您还在想尽办法为民办事，以此安抚百姓。现在皇上之所以几次问您的起居动向，就是害怕您借关中的民望而有什么不轨行动啊！如今您何不贱价强买民间田宅，故意让百姓骂您、怨恨您，制造些坏名声，这样皇上一看您也不得民心了，才会对您放心。"

萧何长叹一声，说："我怎么能去剥削百姓，做贪官污吏呢？"门客说："您真是对别人明白，对自己糊涂啊！"萧何又何尝不知道这个道理，为了消除刘邦对他的疑忌，只得故意做些侵夺民间财物的坏事来自污名节。不多久，就有人将萧何的所作所为密报给刘邦。刘邦听了，像没有这回事一样，并不查问。当刘邦从前线撤军回来，百姓拦路上书，说相国强夺、贱买民间田宅，价值数千万。刘邦回长安以后，萧何去见他，刘邦笑着把百姓的上书交给萧何，意味深长地说："你身为相国，竟然也和百姓争利！你就是这样'利民'啊？你自己向百姓谢罪去吧！"

刘邦表面让萧何自己向百姓认错，补偿田价，可内心里却窃喜，对萧何的怀疑也逐渐消失。

从此以后，萧何对刘邦更是诚惶诚恐，恭谨有加了。刘邦也照旧以礼相待。但萧何从此对国事总是保持沉默寡言、小心翼翼，总算得了一个善终。

萧何正是因为虚心听取别人的意见，自己谨慎行事，才免除了刘邦对自己的怀疑。在现实生活中，尤其是工作中难免有一些勾心斗角，虽然我们不要学习这种耍心机的伎俩，不过也要学会自保。了解别人心中想什么、担忧什么，尽量使自己处于矛头之外，这样才能给自己争取一个好的发展环境和好的结果。

第**7**章
中庸人生：人生正道贵中庸

中庸之道并不是要求大家畏畏缩缩、不敢坚持自己的志向，相反，做人的中庸之道就是要使自己做大做强，不断地提高完善自己。要知道，易躁者易损，易动者易伤，只有平心静气，才不会被外界的纷繁扰攘所伤害。摒弃躁动，保持中庸，能收到四两拨千斤之效。如此，也才能厚积薄发，一鸣惊人。

第一节　孔子
——不做无谓之争

孔子，名丘，字仲尼。汉族人，春秋时期鲁国人。孔子是我国古代伟大的思想家和教育家，儒家学派创始人，世界最著名的文化名人之一。他编撰了我国第一部编年体史书《春秋》。据有关记载，孔子出生于鲁国陬邑昌平乡（今山东省曲阜市东南的南辛镇鲁源村）；孔子逝世时，享年 73 岁，葬于曲阜城北泗水之上，即今日孔林所在地。孔子的言行思想主要载于语录体散文集《论语》及先秦、秦汉保存下来的《史记·孔子世家》。

孔子不做无谓之争

不认真不行，否则你做不好任何一件事情；太认真也不行，否则你将丢掉做好一些大事情的机会。一个人不应留意他人的过失和他人所完成或未完成的事，而应注意本身的行为是否妥当。要中庸地看待自己和他人，认识到重要的不是看着远方模糊的东西，而是着手去做手边最重要的事情。

孔子东游列国，有一天看到两个穷人一胖一瘦在指手画脚，好像为了一件极为平常之事而争论得面红耳赤，唾沫横飞。

孔子便询问他们在争论什么，原来为了一道算术题。瘦子说三五等于十五，胖子坚持说三五等于十四，各持己见，争论不休，以至于几乎动起手来。

最后，二人打赌请一个圣贤作裁定，如果谁的答案正确，对方输掉一天的食物给胜者。这时，孔子来到他们的跟前，二人请圣人裁定。

孔子竟然叫认为三五等于一十五的瘦子将食物交给说三五等于一十四的胖子穷人。胖子穷人拿着食物走了。这种裁判瘦子当然不能答应。

他气愤地说："三五等于一十五，这是连小孩子都不争论的真理，你是圣人却认为，三五等于一十四，看样子也是徒有虚名呀！"

孔子笑道："你说得没错，三五等于一十五是小孩子都懂的真理，你坚持真理就行了，干吗还要与一个根本就不值得认真对待的人讨论这种不用讨论也再明显不过的问题呢？"

瘦子穷人似乎有所醒悟，孔子拍拍他的肩膀，说道："那个人虽然得到了你的食物，他却得到了一生的糊涂，你虽失去了食物，但得到了深刻的教训！"瘦子穷人听了孔圣人的话点了点头。

有的人喜欢较真，这本无可厚非，但也要看较真的内容。事事认真，只怕也是功过各半，因为你可能浪费了太多的时间精力在不必要的事情上；事事不认真，更是不可能有什么好结果了。难就难在该认真时认真，不该认真时一笑置之也就是了。

对于真理的坚持，不需要与一个不知道真理的人较真。我们本身可以中庸地看待问题，不能让一些琐事触动自己的争强好胜之心。

孔子的中庸之道

孔子认为"中庸"是至高的品德。孔子所说的中庸之道并不是折中

主义。过去我们一谈到中庸之道，就认为它是一个相当保守、相当市侩的东西，有非常负面的评价。其实中庸的思想在世界文化史上都有共同的诉求。

中庸的思想起源于上古时代。我们看《尚书》的《周书》里面，周武王向殷代的遗臣箕子请教国事，箕子提出九条大法，洪范九畴就是九种大的治政方略，其中就有中庸的思想，那就是"皇极中道"。它讲以正直为主，有刚有柔，相互调剂的中正的思想，讲"无偏无颇，遵王之义……无偏无党，王道荡荡。"这样一个中平的、中正的中庸之道，中正不偏的政治哲学。

　　子贡是孔门非常优秀的一个弟子，他很会增加财富，孔子称其为"瑚琏之器"。子贡善于估计买卖的行情，每每猜中，善于囤积居奇。孔子晚年的生活就是靠他资助的。

　　他曾经问过老师孔子："师与商也孰贤？"师是指颛孙师，是子张，商是指卜商子夏，孔子的另一个弟子。孔子培养了大批的弟子，包括子张、子夏，他们都是孔门了不起的弟子。子贡问孔子，在性情上面，子张与子夏哪一个更好啊？子曰："师也过，商也不及。"老师说，子张有时候会稍微过头一点，子夏有时候又不足、不及，还达不到这个标准。一个性情张狂一点、过一点、激烈一点；一个性情迟缓一点，不足，达不到。

　　那么子贡就问，"然则师愈与？"那是不是子张过了一点更好呢？孔子的回答是："过犹不及"。过和不及一样，都不好，都没有达到中正的标准。

要知道，过犹不及，凡事要平心静气，要沉稳低调。易躁者易损，易动者易伤，只有平心静气，才不会被外界的纷繁扰攘所伤害。以静制动，能收到四两拨千斤之效。如此，也才能厚积薄发，一鸣惊人。

诚然，绝大多数人都无力改变身边的世界，我们能够决定的，只有自己的心境。调控好了心态，角度不同了，看到的现象也就迥然不同了。是被环境所影响，还是影响环境，全在乎一个"静"字。心静，气才和，才能渐入佳境。

"不以物喜，不以己悲"，这是范仲淹在《岳阳楼记》中所提出的人生境界。不要让任何事情左右你的心态，如果能做到不嗔、不怨、不喜、不悲，那你离中庸的境界也就不远了。

第二节　王猛
——中庸地评价他人

王猛，字景略，东晋北海郡剧县（今山东潍坊寿光东南）人，后移家魏郡。十六国时期著名的政治家、军事家，在前秦官至丞相、大将军，辅佐苻坚扫平群雄，统一北方，被称作"功盖诸葛第一人"。王猛为政着重以法治国，赏善罚恶，因此即使是像强德等权贵犯罪王猛亦敢于处以极刑，而对有贤才的人王猛亦会加以提拔。

不能因为一点过失就抹杀这个人的功劳

有的人才缺点很明显，明显到了让人接受不了的地步。有的人才就是因为缺点太多而被弃之不用。其实我们只是看到了人才的缺点一面，没有看到人才的优点一面。大凡人才一般都是峰高谷底，缺点和优点都很突出。所以深谙中庸之道者会巧妙地避开人才的缺点，或者抑制他的缺点，而用好他的优点，发挥他的长处，这就是取其长避其短。

公元 370 年 6 月，前秦丞相王猛统帅 6 万军队征伐前燕。前燕太傅慕容评率 30 万大军抗击秦军，两军相持于洛川。决战前夕，王猛为了弄清敌情，做到知己知彼，派大将邓羌手下的一个将军徐成前去侦察燕军的情况，并规定日中必须返回报告。可是徐成却违犯军令，到晚上才回来报告。王猛很生气，按军法要把徐成处死。这时邓羌出来替徐成说情："敌众我寡，马上就要开战了，徐成是一位大将，应当赦免他的死罪，让他戴罪立功。"王猛不同意，认为不杀徐成，军法没有权威性。邓羌因为徐成是自己的部将，极力请求："徐成是我的部将，虽然他违犯了军令应该处斩，但我愿与他一起效力死战，以赎死罪。"王猛还是不同意。

邓羌是个急性子人，他看王猛这么冷酷无情，气得返回军营，集结军队要攻打王猛。王猛问他为什么要这样做，邓羌说："受命讨远贼，今有近贼，要自相残杀，所以我要先除去这个近贼。"王猛觉得邓羌这个人既讲朋友信义，又有股子敢作敢为的冲劲，是位可用之才。于是为了笼络安抚邓羌，对邓羌说："将军请息怒，我现在就放了徐成。"邓羌见徐成被赦免了，也觉得自己做得有点过分，便亲自到王猛营中道歉。王猛对此显得毫不在意，他拉着邓羌的手说："我在试探将军呢，将军对自己的部下都这么讲信义，何况对国家呢，我不怕燕国军队了。"

不久，两军决战开始了。由于敌众我寡，王猛考虑必须派一员猛将冲进敌阵，首先挫败敌人的锐气，然后指挥全军一鼓作气，猛打猛冲，就可以打败燕军。这时王猛想起了邓羌，于是他让邓羌率领所部打先锋，并诚恳地说："今日之战，非将军不可以成功，希望您努力。"可是邓羌毛病就是多，他又和王猛讲起价钱来了，说："您要是给我一个司隶校尉的职位，我让您无忧无虑，保证打败燕军。"王猛说："这不是我所能办到的，我只能给您一个安定太守万户侯的官职。"邓羌见王猛没有答应自己的要求，不高兴地走了。

一会儿大战开始了，王猛召邓羌出击，邓羌居然在帐里睡大觉。没办法，王猛只好亲自到邓羌营中，当面满足了邓羌要官的要求。邓羌这才改变了消极的态度，让部下狂吃豪饮一顿，待到酒足饭饱之后，便与部将徐成一起率军冲入敌营，如入无人之境，搴旗斩将，打得燕军丢盔卸甲，溃不成军。王猛乘胜追击，大破燕军。

事后，王猛看着邓羌，由衷地赞赏说："真是一员猛将啊！"

这就是王猛用人的特点。实际上邓羌已经犯下了三条大罪：一是为部将说情，徇私枉法；二是带兵攻打王猛，犯上作乱；三是临战要求司隶之职，要挟丞相。这三条哪条都是杀头之罪，但是作为政治家的王猛，能够容其所短，用其所长，调动将士们的积极性。

试想，如果王猛要是因这三条罪中的哪一条把邓羌杀了，还会有洛川之捷吗？金无足赤，人无完人。世界上没有十全十美的人，一个人的优点与缺点往往是相互依存的，就像一面镜子的两面，有正面就有背面。而且还应该认识到，我们开创事业，工作本身就带有探索性和风险性，谁敢保证没有一点闪失。如果求全责备，天下就无人可用了。既然是"完人"，那就是什么都会，什么都行，一个人的能力和精力是有限的，如果他什么都会，那不过是肤浅的一知半解而已。这种人，与其说是"完人"，不如说是庸人，无能之辈。如果用这种"完"人，事业的成功就无望了。

中庸地看待和评价他人，并且善于利用、抓住他的优点、才能，真正做到为己所用，或合力而成功。

客观评价别人

白玉再美亦有瑕，更何况是人呢？俗话说："人无完人。"每个人都有优秀的一面，就拿唱歌比赛中的选手来说吧，他们都各具特色，有的选手有独特的嗓音，有的选手有大方的台风，有的选手有较强的表演天分，有的选手天生丽质，拥有良好的舞台形象，有的选手能够用心唱歌、用歌声传情……无论是冠军，还是略显逊色的其他选手，他们都有自己独特、闪亮的一面。

每个人都有优秀的一面，就拿学生来说，许多"学优"的学生，可能"德"却很差，他们或没有爱心、自私，或与同学不团结等等，而一些学习成绩一般或者较差的普通生，却也有令人感动、值得大家学习的地方，他们懂得关爱他人，他们踏实肯干，他们有爱心，他们尊敬师长等等。世界上没有差生，人都有美好的一面。只要我们客观评价他人，善于用敏锐的眼光去挖掘、捕捉他人的闪光点，我们一定会发现许多美好的、值得我们学习的东西。

因此，让我们学着客观地评价他人，看到他人的"美"多一些，不要总是以点带面，以偏概全地全盘否定他人。在评价他人时，要客观一些，应该不吝赞赏他人的优点，为他人的"好"，献上掌声，给他人肯定、赞美。就像王猛慧眼识邓羌一样，只有我们保持这种中庸的心态，我们才能看到他人的"全貌"。

第三节　帕克
——谨记"中庸"古训

凯利·帕克是前澳大利亚首富，帕克生前是澳大利亚传媒界大亨，同时经营着数家大型赌场，曾在美国《福克斯》"全球富豪榜"中位居第 94 位。

帕克以志向引导成功

志向是考察一个人是否能担负道义的重要参照，孔老夫子曾经针对子承父志做过评论："当他父亲在世的时候，观察他的志向；当他父亲死去以后，观察他的行为。如果他长期不改变父亲的原则，可以说是做到孝了。"《中庸》的这番论述就是对孔夫子思想的深入揭示，从我们现在看来，那些能继承前人志向为今生奋斗目标者，不但能够将代代人生薪火相传，而且也能够使自己的社会功用发挥到最大。

前澳大利亚首富凯利·帕克正是成功地继承了家族之志，并且将家族事业发扬光大的孝子。

帕克出生于传媒世家。他的爷爷罗伯特·帕克就是新闻记者，通过多年努力，逐渐拥有了自己创办的报纸。1934 年，帕克的父亲弗兰克·帕克继承家族产业，并将事业扩展到包括畅销杂志、报纸及牧场、房地产在内的多个领域。弗兰克本打算让长子，也就是帕克的哥哥克莱德·帕克继承他的事业，没想到克莱德书生气十足且自己很有主见，克莱德最后竟与独断专行的父亲彻底闹翻，一气之下远走美国。

弗兰克只得勉强培养他并不看好的次子帕克。据《悉尼晨报》报道，帕克从小有阅读困难症，而且非常懒惰，在学校里除了体育之外，各门功课极差。由于父亲对他管教极为严厉，他一度产生了严重的逆反心理，他热衷于跑车、女人和赌博，几乎成了一个十足的纨绔子弟，他对传媒根本没有兴趣。

不过，自结束了学生生涯之后，帕克身上的优点逐渐显现出来。他非常聪明，而且具备投资天分，20 世纪 70 年代初，他就掌握了先机，提出除了报纸、杂志外，电视才是传媒业的主流，并将自己的主要精力放在"澳大利亚第九电视网"上。

帕克是一名体育爱好者，他将自己的爱好与事业结合起来。20 世纪 70 年代，他首先将世界板球联赛的播映权高价买下，接着向其他体育项目进军，这为他的电视台赢得了广大观众。此外，他特别重视新闻时事节目的报道，不惜重金抢播世界或本地新闻。多年来，该台一直是澳大利亚收视率最高的电视台，广告收入非常好，成为帕克家族的主要经济支柱。

除了电视台，帕克还经营着《妇女杂志》等一系列畅销杂志，拥有墨尔本的"王冠"赌场，同时在澳门地区与当地"赌王"何鸿燊共同经营一家赌场。此外，他还投资房地产及化学工业，并经营矿山和牧场。

如今，帕克的大儿子詹姆斯·帕克正式成为帕克各项事业的接班人。

古往今来，不管是子孙也好，还是后辈也罢，凡是长盛不衰的团体，正是没有忘记"继人之志"这一"中庸"古训。帕克家族的成功也正是这一古训效果的有力证明，而且至少到目前为止，他们仍然走在良性之大道上："詹姆斯很坚强，很聪明……他已经成熟了，可以胜任未来的工作，他也有信心凭自己的能力，让帕克的事业有进一步的发展。"

坚持自己的志向

当今社会，做人要有精神，要有情趣，要有志向，要有所寄托。人的生命是有限的，有限的生命需要寄托，我们要用有限的生命去寄托生活、心灵和感情。把志向寄托在事业和正当有益的爱好上，积极地充实生活内容，开辟和拓宽生活领域，这样的健康人生才是快乐的人生。

志向和寄托，是保持心理健康的重要因素。人的一生因找寻寄托而充满希望，因有所寄托而勇敢执着，因失去寄托而茫然无措。志向和寄托，是对人生的前途及事业目标的追求，对幸福快乐的追求，对理想的追求，对人生价值的追求。把精力寄托在事业和正当有益的爱好上，积极地充实生活内容，开辟和拓宽生活领域，这样的健康人生才是快乐而有意义的人生。

古人也说"志不立，天下无可成之事。"一个人有志向、有信念，才会有热情、有胆魄、有坚韧不拔的毅力。伟大的志向产生非凡的勇气，有了坚定的志向才能有所作为。

现代的青少年处于学习时期，不乏有很多人也想成为事业有成的商人。经商之道也是一种志向和寄托，是一种哲学，但归根结底是人道。做好生意，最重要的不是积累金钱，最关键的是要积累信誉、积累人心，真正拥有了人心，就有了源源不断的财源。李嘉诚先生说过："我首先是人，然后才是商人。"经济学家茅于轼说："财富并不是我们追求的最终目标，快乐或者幸福才是最终目标，财富只不过是得到快乐的渠道之一。何况有时候财富不但没有使人快乐，反而使人陷入了痛苦……"可见志向并不等于金钱财富，我们要有一种深刻的精神寄托。

人道最集中的体现就是人文关怀和社会责任感。为商之道提倡的是以义取利、以利济世、以和为贵、以儒兴商的儒商精神；塑造的是仁爱立人、见利思义、乐于施善的儒商人格；品味的是博学儒雅、亦文亦商、以儒促商的儒商生活；奉行的是重守诚信、谋利有度的儒商之道。商道与人道是一致的，经营企业与经营人生能够合二为一当为至高境界。

经营好人生，就是要珍惜自己生命的每一分钟，就是要对自己认真负责任，就要对志向和寄托投入精力。经营好人生，就是要提高生命的品质，让人生更有意义，就是把人生当作最高事业来经营，把奉献当作最高价值来实践。

第四节　林肯
——隐恶扬善的中庸之道

亚伯拉罕·林肯，美国政治人物，美国第 16 任总统。其总统任内，美国爆发内战，史称"南北战争"。林肯废除了南方各州的奴隶制度，但南北战争之后北方有几个支持联邦政府的州却仍被林肯允许可继续保有奴隶制度。林肯击败了南方分离势力，维护了美利坚联邦及其领土上不分人种、人人生而平等的权利。内战结束后不久，林肯遇刺身亡，他是第一个遭到刺杀的美国总统，也是首位共和党籍总统，曾位列最伟大总统排名第一位。

林肯隐恶扬善巧用人

《中庸》中说："舜其大知也与！舜好问而好察迩言，隐恶而扬善，执其两端，用其中于民。其斯以为舜乎！"尧舜是我们中国人在做人目标上的偶像，他们有什么独家的奥秘吗？有，孔老夫子就总结道："舜可真是有大智慧的人啊！他喜欢向人问问题，又善于分析别人浅近话语里的含义。隐藏人家的坏处，宣扬人家的好处。过与不及两端的意见他都掌握，采纳适中的用于老百姓。这就是舜之所以为舜的地方吧！"

中国有句俗语："好事不出门，恶事传千里。"从这个规律上讲，恶有易于传播、易于感染的特点。如果让恶易于传播、易于感染对于除恶来说不仅丝毫起不到帮助作用，反而会使恶愈来愈多，加大除恶的难度。除恶的关键不在于让"恶事传千里"，而是用确实行之有效的方法积极地去解决除恶的问题，比如用大善去掩盖小恶，这才是儒家隐恶扬善的真正目的。

美国南北战争时，林肯总统任命格兰特将军为总司令，当时有人告诉他，说格兰特嗜酒贪杯，难当大任。林肯却说："如果我知道他喜欢什么酒，我倒应该送他几桶，让大家共享。"林肯总统并不是不知道酗酒可能误事，但他更知道在北军诸将领中，只有格兰特能够运筹帷幄，决胜千里，他看中的就是这一点。后来的事实证明，格兰特将军的受命，正是南北战争的转折点。这也说明了林肯做人与用人的艺术，对待一个缺点和优点都十分明显的人，自然不能苛求他是"完人"，如果别人的长处能够帮助自己，那么何不把他的缺点容忍下来，充分利用其"善"的一面呢？

当然，林肯之所以懂得做人的这一诀窍，可同样是好不容易才学会的。在这以前，他曾先后选用了三四位将领，选用标准都是力求所用之人必须无重大缺点。但其结果，虽然北军拥有人力、物力的绝对优势，而在 1861 年 -1864 年间，却毫无进展。

反之，在南方的李将军领导下，从贾克森起，几乎没有一位将领不是满身都是大小缺点。但李将军并不在意，因为他知道他所用的人每一位都各有所长，而李将军正是善用他们的长处，使他们充分发挥优点。所以，在那段时期中，林肯麾下每一位"无缺点"的将军，一个一个都被李将军指挥下的"有缺点"的将领去败了。

不过，随着聪明的美国总统领悟了"隐恶扬善"的中庸之道以后，战争局势就不可避免地转变了。

做人难吗？像林肯一样隐恶扬善，利人利己的做法不就两全其美吗？按照古代圣贤舜的做法，也无非就是遵循这条原则：隐藏人家的坏处，宣扬人家的好处。可是真正要做到这点容易吗？你就敢保证自己没有动过打别人小报告的心思？你就真的觉得别人的优点不会引起你的嫉妒？所以，要做到隐恶扬善，更得有博大的胸襟和宽容的气度。

当然，这里的恶，并不是大奸大恶，而是一些小的缺点，在某些方面并不影响其本身技能的发挥。若是对大奸大恶之事也进行隐忍，那样不仅不能发挥其原本的才能，或许还会助纣为虐，酿成大错。这就需要考验我们的辨别能力了。

善恶中庸，扬善为重

舜，历来与尧并称，为传说中的圣王。渔猎在古时候是生活里一个重要的部分。舜曾在山东雷泽捕鱼。好的捕鱼地区被年轻人霸占了，年老的人没有办法跟他们争，所以就在浅水和急流处捕鱼。浅水鱼少，不容易捕得。

舜看到这样的情形心里很难过，见到大家相争，他不说一句话；如果当中有一两个相让的，他就很赞叹。他用这个方法，隐恶扬善。一年之后没有相争的，只有相让的，大家都被他感化了。

人都有良知，只是一时为利欲蒙蔽而已，只要用善巧方便去帮助他，没有不觉悟的。舜不是说一篇大道理劝劝这些人，他用的是身教，自己做榜样来劝诫别人。虽然时间长一点，但是效果会相当的深远。他能够收敛才智，若无若虚；见人过失，涵容掩覆；用包涵的态度对人，隐人之恶，扬人之善。

隐恶不是包庇和纵容，而是相信人性不仅有恶也有善，一个人行善不多，只是因为他在自己成长的经历里还没有看到"善"的美好、没有看到该如何去更好的行善。因此，对一个人表现出的"恶"给予宽容和接纳，让这个人不会在歧视和批判下"一恶再恶"。隐恶，就是即使面对一个人做了很大的"恶被判入狱"，依然会接纳他、会爱他。

扬善不仅是称赞和宣扬，而是能够看到一个人内心的善，由衷的去欣赏和支持。让行善的人性更多的善、行更大的善。

就好像林肯的做人与用人之道，只有这样我们才能发掘别人的优点为我所用，当然也能够帮助别人改正他的缺点。

为人处世也要洞若观火，对人要了如指掌，不同的时候，不同的形势，对人要采取不同的对策，取其所长为我所用，从而使自己成为最终的受益者。

用人须会识人，这样在做事时，才会胸有成竹。现实生活中，我们也要深刻了解身边的同学朋友，利用或学习他们的长处，不去过分在意他们的短处，这不只是体现在用人上，与人相处也要有"隐恶扬善"之心，这样才能和谐共处。

第五节　司马光
——坚持中庸的为人之道

司马光，字君实，号迂夫，晚年号迂叟，世称涑水先生。北宋时期著名史学家、文学家。北宋陕州夏县涑水乡（今山西运城市夏县）人，汉族。卒赠太师、温国公，谥文正。司马光自幼嗜学，尤喜《春秋左氏传》。

司马光坚持自己的做人之道

谁都想做真正的强者。中庸之道并不是要求大家畏畏缩缩、不敢坚持自己的志向，相反，做人的中庸之道就是要使自己做大做强，人做到什么地步才能被称为是强？身强力壮？出将拜相？这些都不免肤浅和片面，中庸之道讲求的是既有原则性，又有灵活性，一切都恰到好处。所以，品德高尚的人和顺而不随波逐流；保持中立而不偏不倚；国家政治清平时不改变志向；国家政治黑暗时坚持操守、宁死不变——这才是真正的强者。

人什么时候最强？就在坚持自己做人之道的时候。

北宋著名的政治家、文学家司马光，可以说是儒家尊敬的圣人，他秉性刚直，在从政活动中能坚持自己的志向，积极贯彻执行有利于国家的决策方略。在斥责奸人的斗争中，他敢犯颜直谏，当庭与皇上争执，为顾全大局而置个人安危于不顾。

仁宗得病之初，皇位继承人还没确定下来。因为怕提起继位的事会触犯正在病中的皇上的忌讳，群臣都缄口不言。司马光此前在并州任通判时就 3 次上奏提及此事，这次又当面跟仁宗说起。仁宗虽然没有批评他，但还是迟迟不下诏书。

司马光并不打算就此收手，又一次上书说："我从前上呈给您的建议，应马上实行，现在寂无声息，不见动静，这一定是有小人说陛下正当壮年，何必马上做这种不吉利的事。那些小人们都没远见，只想在匆忙的时候，拥立一个和他们关系好的王子当继承人，像'定策国老'、'门生天子'这样大权旁落的灾祸皇上不可不防。"仁宗看后大为感动，不久就立英宗为皇子。

英宗并非仁宗的亲生儿子，只是宗室而已。司马光料到他继位后，一定会追封他的亲生父母。后来英宗果然下令让大臣们讨论应该给他的生父什么样的礼遇，但谁也不敢发言。

司马光一人奋笔上书说："为人后嗣的就是儿子，不应当顾忌私亲。濮王应按照成例，称为皇伯。"这一意见与当权大臣的意见不同。御史台的 6 个人据理力争，都被罢官。司马光为他们求情，没有得到恩准，便请求和他们一起被贬官。

司马光在他的从政生涯中，一直坚持这种原则，被称为"社稷之臣"，宋神宗也感慨地说："像司马光这样的人，如果常在我的左右，我就可以不犯错误了。"

司马光一生从不说谎话，他评价自己时说："我没有什么过人之处，只是平生的所作所为，皆问心无愧。"百姓全部敬仰信服他，陕州、洛阳一带的百姓被他的德行所感化，一做错事，就说："司马君实会不知道吗？"

司马光一生清廉简朴，不喜奢华。史书上记载着他这方面的许多小故事，传为美谈。就连他的政敌王安石也很钦佩他的品德，愿意与他为邻。据说，司马光的妻子死后，家里没有钱办丧事，儿子司马康和亲戚主张借些钱，把丧事办得排场一点，但司马光不同意，并且教训儿子处世立身应以节俭为可贵，不能动不动就借贷。最后，他还是把自己的一块地典当出去，才勉强办了丧事。

司马光的品格德行、修学治史，一直受到人们的高度评价。但对他的政绩，人们却时褒时贬。保守派主政的时候，对其政绩大加褒扬，宋哲宗还敕令保守派的翰林学士苏东坡撰写神道碑文，洋洋几千言皆是赞美之辞。

改革派当政时，司马光不仅没有政绩可言，而且被列入奸相之列。宋绍圣年间，御史周铁首论"温公（司马光死后谥号）诬谤先帝，尽废其法，当以罪及。"朝廷不仅夺去了所有封号，而且还把其墓前所立的巨碑推倒。王安石的学生章淳、蔡京主政时，为报复司马光等人尽废新法的做法，将其与309名朝臣列入"元祐奸党"，并要在朝堂和各州郡立"奸党碑"。

但是在立碑时，出现了一点小意外，石匠安民对蔡京说："小人是愚民，不知道立碑的意图。但司马相公海内都称道他为人正直，现在却要列入奸党，小人不忍心做。"蔡京一怒之下便要处罚他，吓得安民一面求饶，一面哭诉："大人的命令，小人不敢违抗。只是小人有一个请求：碑上刻匠人名字时，不要把小人安民的名字署上，以免留下千载骂名。"蔡京仔细一想，司马光虽然有错，但毕竟为人正直，享有威望。于是改变了主意，将司马光排除在奸党范围之外。

可见，司马光的人格不仅为百姓所称道，甚至连对手也为之折服。在封建时代，司马光是孔门的第 3 个圣人，位列孔子、孟子之下，同样在孔庙享配。时至今日，人们仍记得历史上有一"涑水先生"，他给后人留下了一笔巨大的精神财富。

坚持自己的做人之道，才能成为不可撼动和诋毁的强者。

政治主张论中庸

司马光在政治上是标准的保守派人士，他跟主持变法的王安石发生了严重分歧，几度上书反对新法。他认为新建的国家使用轻典，混乱的国家使用重典，这是世轻世重，不是改变法律。所谓"治天下譬如居室，敝则修之，非大坏不更造也"。司马光与王安石，就竭诚为国来说，二人是一致的，但在具体措施上，各有偏向。

王安石主要是围绕着当时财政、军事上存在的问题，通过大刀阔斧的经济、军事改革措施来解决燃眉之急。司马光则认为在守成时期，应偏重于通过对伦理纲常的整顿，来把人们的思想束缚在原有制度之内，即使改革，也定要稳妥，因为"大坏而更改，非得良匠美材不成，今二者皆无，臣恐风雨之不庇也"。司马光的主张虽然偏于保守，但实际上是一种在"守常"基础上的改革方略。王安石变法中出现的问题，如新法不能有效落实和用人不当等情况，从侧面证明司马光在政治上还是老练、稳健的。

司马光之所以与王安石政见不和仅仅表现在政治观点上有分歧，在本质上，他们都是为国为民的真君子——纯粹君子之争，绝对不是为了一己私利，不然王安石在痛恨司马光之余也不会由衷地道出："司马君实，君子人也！"一个令政敌都叹为君子的人，绝对不是一个小人！司马光在政治上的理解比王安石要深刻得多，在为变法问题斗得死去活来之后，司马光留下了这样的见解，基本可以概括他对王安石一生的看法"介甫无它，唯执拗耳"。

司马光在和对方的争斗中不能得胜时，便选择了回避和退让，而不是伺机报复和恶意中伤。曾有人劝司马光弹劾王安石，然而司马光却一口回绝了他们："王安石没有任何私利，为什么要弹劾他？"面对身为副宰相的王安石的如日中天，司马光毫不犹豫地选择了退让。

其实历史上，司马光反对的并不是王安石变法，而是他急功近利的改革方式。司马光认为所有这些，都必须循序渐进，稳妥进行，而不可能立竿见影，不然会发生好多意想不到的事情。比如青苗法，他认为这样一来必然会给地方官吏带来更大的腐败空间，他们会借机不断提高贷款利息，从而进一步加重农民的负担，而且后来的好多事实证明，由于王安石用人上的不当，导致的结果也被司马光不幸言中，这不得不说是王安石变法中让人不得不遗憾的一面。

当然，这也并非是说王安石变法是错误的。撇开他们的功过不去言说，司马光稳健的改革想法是值得肯定的，这也与"中庸之道"不谋而合。

第六节　麦金利
——和颜悦色，以静制怒

威廉·麦金利是美国历史上的第 25 任总统，生于俄亥俄州，在老威廉·麦金利和南希·艾利森的 8 个孩子中排行第 7。1843 年，麦金利到阿勒格尼学院学习了一段时间，内战爆发时，应征参加联合部队；战争结束时，成为享有主要志愿者的荣誉。他研究法律，在俄亥俄州开一个办公室，并且与一位地方银行家詹姆斯·萨克森的女儿爱达·萨克斯顿结婚。1897 年，他当选为总统。

以静制怒的麦金利

麦金利做美国总统时，特派任某人为税务主任，但为许多政客所反对。政客们便派遣代表前往进谒总统，提出咨询，要求说明出派该人为税务主任的理由。为首的是国会议员，身材矮小，脾气暴躁，说话粗声恶气，开口就给总统一顿讥骂。如果当时总统换成是别人，也许早已气得暴跳如雷，麦金利却视若无睹，不吭一声，任凭他骂得声嘶力竭，然后才用极和缓的口气说："你怒气应该可以平和了吧？照理你是没有权利这样责问我的，但是，现在我仍愿详细解释给你听……"

这几句话把那位议员说得羞惭万分，但是总统不等他道歉，便和颜悦色地说："其实我也不能怪你。因为我想任何不明究竟的人，都会大怒的。"接着便把理由解释清楚。

其实不等麦金利总统解释，那位议员早已被他和颜悦色的气度折服了。他私下懊悔不该用这样恶劣的态度责备一位和善的总统。他满脑子都在想自己错了，因此，当他回去报告咨询的经过时，他只摇摇头说："我记不清总统的全盘解释，但只有一点可以报告，那便就是——总统并没有错。"

这故事告诉我们：向来为人所轻视的"忍气吞声"具有极大的妙用，不发怒不但使麦金利的解释获得极有效的助力，而且使那位议员彻底悔悟，想必他以后永远不再做出令人难堪的举动。有些狡猾的人，往往故意用种种计谋，使你大发脾气，你一发脾气，便做出种种不合理的事，这结果无异使你自投圈套，自讨苦吃。

在一个不易发怒的人面前，更不可发怒，否则你一定会像那位责骂总统的议员一样，将遭遇无法挽回的难堪。同时如果你欲制服一个大发脾气的人，再没有比"忍气吞声"更好了。这在孙子兵法上也有一招，叫作："以柔克刚"。

以静制动，冷静处事

快节奏的社会生活，催生了一种浮躁的心态。人们随着这个社会像陀螺一般地转着，不停不息，做着不知疲倦的机械运动。这样就衍生了现代社会人的通病：心浮气躁。或许你认为，浮躁的"快餐生活"可以制造出高效的人生。但事实上，当你真正遇到需要解决的问题时，你就会发现，浮躁是成功的天敌，唯有冷静谨慎才是解决问题的最好方法。

一个浮躁的人，必然缺乏凝神聚魂的定力，缺乏拼杀搏击的勇猛。一颗浮躁的心，必然缺乏内涵与魅力。试想，一个人如果心生浮躁之气，必定心神不宁，燥气附身，如此坐立难安，哪还有谋事之心、立业之志？

一旦心浮气躁，人就会变得盲目、浅薄和暴躁，从而失去理智，无法客观地进行分析和判断。所以，越是情势危急，就越要摒弃躁动。这时，冷静才是你首先需要做到的事情。

西晋末年，朝廷腐败，奸佞当道，社会动荡不安，全国再次陷入了地方割据的状态。战争持续了数十年，天下大势终于明朗了起来。在南方，晋琅邪王司马睿在建康（今江苏南京）建立了东晋。在北方，前秦皇帝苻坚统一了黄河流域，且兵强马壮，只要时机一到，就会率军南下。

公元 383 年 8 月，苻坚亲率 90 万大军南下，号称百万雄师，兵锋直指东晋的都城建康。在此生死存亡之际，东晋丞相谢安推举他的弟弟谢石为征讨大都督，他的侄子谢玄为先锋，率领 8 万精兵与苻坚进行决战，又派胡彬和桓冲率领水军辅助谢石。

公元 383 年 10 月 18 日，苻坚的弟弟苻融率领先锋部队攻占了寿阳，俘获了晋军守将徐元喜。有探子回报说，东晋兵力不足、粮草缺乏，正是进攻的大好机会。

苻坚听到这个消息大喜过望，当即亲率 8000 骑兵来到了寿阳，然后派抓获的东晋将军朱序回国劝降。朱序回国后不但没有劝降，反而演了一场"无间道"，把苻坚的情况向谢石做了非常详细的汇报。他说："苻坚虽然率领了百万军队，但是还没有到寿阳，现在我们必须马上出击，击败苻坚的先头部队，锉掉他们的锐气。这样一来，我军士气大振，才能和苻坚的大军抗衡。"谢石认为他说的很对，当即决定转守为攻，打苻坚一个措手不及。

当年的 11 月，谢玄派遣刘牢率领 5000 兵士攻打洛涧，拉开了淝水之战的序幕。秦将梁成奋勇抵抗，但是无奈东晋军队来得突然，转眼间，苻坚大军就溃败而逃。这时，谢石挥军前进，在八公山下扎下营寨，与苻坚的大军在淝水两岸形成了对峙的局面。

虽然取得了先头的胜利，但谢玄深知，久拖未决对东晋军队是非常不利的。他们人少粮缺，取胜的关键就在于出奇制胜。然而眼前，苻坚大军隔岸扎寨，强攻肯定是不行的。在如此严峻的局势下，谢玄并没有心慌意乱，而是冷静地分析敌我双方的情况，想出了一条计策。

他派使者去求见苻坚，对苻坚说："我们双方这样僵持下去也不是办法。不如这样，咱们都是君子，就打一场君子的战争。你们让我们过河，然后我们双方排开阵势，堂堂正正地决战怎么样？"

苻坚手下都表示反对，但是苻坚却认为自己胜券在握，可以反其道而行之，让东晋部队过河，己方以逸待劳，肯定能一举获胜。

东晋军队开始过河，前秦军队奉命后撤。这时，谢玄下了一道命令，他让过了河的士兵大喊："秦军大败而回了！"那些后撤当中的秦军信以为真，四下逃窜。谢玄率军趁势掩杀，杀得秦军尸横遍野，大败而归，90万大军几乎全军覆没。

当晋军和秦军在淝水两岸相持的时候，由于粮草缺乏，谢石和谢玄所率领的晋军情况非常不利，但是越是面对困境，谢玄越能够冷静思考。他先是使用激将法，主动刺激苻坚与自己决战；然后冷静地利用秦军人数众多、号令不明、行动缓慢的弱点迷惑了秦军，让敌人阵脚大乱。90万大军一旦骚乱，苻坚就算再能打仗，也回天乏术了。

因此，当我们遇到棘手问题的时候，我们所要做的第一件事就是冷静下来，摒弃一切杂念。就像谢玄以静制动，或者学习麦金利淡定而不乏幽默的态度，以静制怒。只有摒弃心中浮躁，才能在冷静的心态下得出客观的结论，在扎实的举措中固守住自己的定力，这样，所有的难题才会迎刃而解。

心浮气躁是成功最大的敌人。很多时候，敌人都是虚张声势的纸老虎，我们如果暂时摸不清楚底细或者对此束手无策的话，那就别太心急应对，不要让"急躁"成为内心的羁绊。相反，遇事冷静判断，然后根据具体情况做出明智的决定，才能从根本上解决问题，最终反败为胜。所以说，遇到问题冷静面对，才是化险为夷、取得成功的上策。